2019 年湖南省教育厅高校科研计划优秀青年项目《"一带一部"战略背景下湖南精品体育旅游线路的培育与融合发展研究》，项目编号：19B077

体育旅游发展与体系构建研究

雷 涛 著

北京工业大学出版社

图书在版编目（CIP）数据

体育旅游发展与体系构建研究 / 雷涛著. — 北京：
北京工业大学出版社，2021.9
ISBN 978-7-5639-8154-0

Ⅰ. ①体… Ⅱ. ①雷… Ⅲ. ①体育—旅游业发展—研
究—中国 Ⅳ. ①F592.3

中国版本图书馆 CIP 数据核字（2021）第 201496 号

体育旅游发展与体系构建研究
TIYU LÜYOU FAZHAN YU TIXI GOUJIAN YANJIU

著　　者：雷　涛
责任编辑：李周辉
封面设计：知更壹点
出版发行：北京工业大学出版社
　　　　　（北京市朝阳区平乐园 100 号　邮编：100124）
　　　　　010-67391722（传真）　bgdcbs@sina.com
经销单位：全国各地新华书店
承印单位：唐山市铭诚印刷有限公司
开　　本：710 毫米 ×1000 毫米　1/16
印　　张：12.25
字　　数：245 千字
版　　次：2023 年 4 月第 1 版
印　　次：2023 年 4 月第 1 次印刷
标准书号：ISBN 978-7-5639-8154-0
定　　价：75.00 元

前　言

随着经济的发展，人们的生活水平和质量有了很大的提高，大众对精神文明和体育活动的追求越来越迫切，对自身的健康状况越来越重视。在人们健身意识逐渐提高的大背景下，体育与旅游相结合，创建了新的体育旅游业态。与此同时，大众对体育旅游这一新模式的接受程度日益提高，使其面临新的发展环境和广阔的发展空间。

全书共七章。第一章为绪论，主要为体育旅游释义、体育与旅游结合的机理、体育旅游的影响等内容；第二章为体育旅游的发展现状，主要阐述了体育旅游的产生与发展、现状、存在的问题、发展趋势等内容；第三章为体育旅游资源的挖掘与开发，主要阐述了体育旅游资源的含义、分布情况、开发与利用，以及湖南省体育旅游资源的开发策略等内容；第四章为体育旅游市场的经营与管理，主要阐述了体育旅游市场的构成、需求、细分、经营管理等内容；第五章为体育旅游与社会经济的发展，主要阐述了体育旅游与社会经济的关系、国内外体育旅游经济的发展、体育旅游经济的发展动态等内容；第六章为体育旅游产业发展体系的构建，主要阐述了西部地区、环渤海地区、东南沿海地区的体育旅游产业的发展与管理等内容；第七章为湖南省体育旅游发展模式的探索，主要阐述了湖南省体育旅游发展的现状、湖南省体育旅游发展模式的构建、湖南省智慧体育旅游系统的构建、"一带一部"战略背景下湖南省体育旅游小镇的创建路径、湖南省体育特色旅游小镇的开发策略研究等内容。

最后，限于作者水平有限，加之时间仓促，本书难免存在一些不足，在此恳请同行专家和读者朋友批评指正。

目　录

第一章　绪论

体育旅游是体育产业与旅游产业深度融合的新兴产业形态。在新时代，体育旅游产业呈现出创新性、动态性、群体性等发展特征，是旅游产业转型升级的重要引擎和促进经济内循环的有效着力点。本章分为体育旅游释义、体育与旅游结合的机理、体育旅游的影响三部分，主要内容包括体育旅游的相关概述、体育与旅游结合的现状分析、体育旅游的积极影响等。

第一节　体育旅游释义

一、体育与旅游的相关概念

（一）体育产业的概念

华南师范大学体育科学学院教授卢元镇、北京体育大学教师郭云鹏等认为："体育产业是为社会提供体育产品的同一类经济活动的集合。"北京体育大学教授鲍明晓认为："体育产业是在文化与经济互动与融合下，生产和经营体育商品的企业集合体。"巢湖学院体育系教授杨叶红认为："体育产业是与体育运动有关的生产、销售及服务等活动集合。"西安体育学院副教授丁建岚认为："体育产业既是以活动形式向社会提供各类服务的行业，也是与体育活动和消费有关的商品和服务的生产销售。"

（二）旅游产业的概念

随着社会经济快速发展，旅游越来越成为人们应对快节奏生活的一种方式。陕西师范大学旅游规划设计研究院院长马耀峰认为："旅游产业是为了满足旅游者各项需求而提供各种产品组合的综合性产业。"张亚东认为："旅游经济快速发展助推旅游产业形态形成，为了满足人们的多样化需求，凭借各种旅游资源，从事接待游客，提供交通运输、游玩购物、住宿餐饮等综合性行业。"中国社会科学院研究人员吕腾捷认为："旅游业是对于旅游项目活动的经济化展示。旅游不仅具有经济关系，还具有一定的社会关系、文化关系及生态关系。旅游产业是为满足旅游消费者参观、体验等各类需求，以及参与这种需求的生产、服务组织的集合。"

二、体育旅游的相关概述

（一）体育旅游的概念

目前，我国人民生活需求已经发展到了"注重身心健康保养"和"追求精神文化及生活丰富多彩"的层次。虽然我国体育旅游产业起步较晚，但随着居民收入增加、生活质量提高，其发展速度极为迅猛。据《2021—2026 年中国体育旅游行业发展前景预测与投资战略规划分析报告》数据显示，我国体育旅游产业正以 30%—40%的速度发展，远高于世界 15%的平均增速。明确的政策导向是产业发展的基础，国家旅游局（今文化和旅游部）与体育总局在 2016 年联合出台的《关于大力发展体育旅游的指导意见》（国家旅游局旅发〔016〕172 号）对体育旅游未来发展目标作了明确指示，对基础设施、配套服务设施、发展环境的完善尤为重视。文件中具体要求呈现数字化特点，体现出国家在体育旅游产业发展的实践中要求更加具体和细化。

体育旅游对社会经济的推动作用是不可小觑的，然而人们并没有对其相关的概念进行明确，无法深入了解体育旅游的具体含义，或者在理解过程中出现了偏差。事实上，学术界现在并没有对体育旅游这一名词作出准确的规定。根据体育旅游的表面意义来看，它是体育运动和旅游活动结合下的产物，以旅游为基础，同时以旅游的形式来展现。消费者参加体育旅游时，往往有亲临体育比赛的现场或参与体育项目的需求。近年来，不少对体育旅游的调查分析指出：为消费者提供实地观看体育赛事或参加相关体育项目运动的体验，就是体育旅游的市场需求所在，这是一种以体育为前提的新型旅游形式。

20 世纪 60 年代中期，国际休闲体育中心议会发表了《体育与旅游》一文，成为最早进行该领域研究的文章。20 世纪 60 年代后，一些发达国家的人将体育作为度假和旅行的手段。威康姆斯（Wycombs）等首先将奥运会与旅游活动联系起来。在接下来的约 20 年里，体育旅游研究的子主题突然向多元多样化发展，体育旅游研究市场细分化，但是体育旅游的概念尚未阐明。

学术界通过"体育旅游者"引入了"体育旅游"的概念。学者德·克诺普

（De Knoop）认为体育旅游者是那些在假日期间参加体育运动的人。在此基础上，韦德（Wade）和持相同观点的部分学者们认为："体育旅游便是在假期中参加体育赛事活动，侧重对项目本身的研究。"但更多的美国学者认为体育旅游定义的范畴不应局限在项目本身。唐纳德（Donald）从体育和旅游的角度分别展开论述，认为体育旅游是子领域，是连接体育产业和旅游产业的纽带，拓展了体育旅游的外延。

从 1990 年起，中国的体育科学家正式将注意力转向体育旅游。2000 年，朱竞梅教授给出自己的见解："体育旅游既囊括狭义上的旅游活动，其主要目的是参加各种体育比赛；又包含广义的概念，是以体育运动为核心目标的旅游，是一个新兴研究领域。"2007 年，中国教育科学研究院体卫艺教育研究所副所长于素梅认为："体育旅游是有动机目的、有环境要求，还必须具备健身休闲双重性的旅游活动；或者可理解为出于体育和旅游的目的，离开当下住所，去参加或观看体育活动。"

宋杰等人认为："体育旅游是一项社会和文化活动，游客在旅行期间依靠该地域的自然景观、人文环境等来完成运动体验。"李相如教授结合中国社会社会科学院研究员于光远、马惠娣教授的定义，提出："休闲体育旅游应从需求角度定义，体育旅游业是以体育运动为主要内容的产品或服务的集合，以满足人们的休闲需求。"郑家鲲教授明确将体育旅游分为两部分，一部分是"体育中的旅游"，旨在说明旅游活动发挥了体育休闲和休憩的功能；另一部分是"旅游中的体育"，把体育项目当成旅游发展所需要的手段进行归纳。

国内外的大量研究表明，体育旅游的概念已从"外在表象"转变为"内在含义"。体育旅游的概念印证了跨学科的发展，以及系统的知识结构和多样化的研究视角的不断推陈出新。国内外体育旅游的研究历史不长，尽管对体育旅游的狭义概念和广义定义并不完全相同，但是随着对"什么是体育旅游""体育旅游的基本内容"的深入研究，学术界基本上达成了共识："体育旅游与旅游营地的自然和人文环境有关，且与体育活动间的关系是无法分割的。"

体育旅游实际是将旅游与体育产业相融合而形成的。体育旅游业建设范围一般在城市的旅游中心建设适合体育旅游者参与的大型体育馆。比如想在旅游度假区开展体育旅游活动，就应先完善周边的体育运动设施，再开展大众性的体育旅游活动。体育旅游学的确立，既是体育学和旅游学互相融合渗透的产物，又是体育理论在旅游领域内的实施和应用。

从旅游的方面来说，体育不仅可以调节情感，而且可以增强人们的体质，具有娱乐性和参与性。从旅游学的角度考虑旅游活动中出现的体育问题，不仅应把体育作为一种中间媒介，而且应当最大限度地发挥其体育功效，并使其按照既定目标和要求激发和引导旅游者，使旅游者能够自觉地接受这种影响，最终产生良好的经济收益和体育效应。

从体育的方面来说，旅游不仅是社会交往活动，而且是消遣娱乐活动，具有较高的消费层次，里面涵盖了广泛的休闲娱乐体育活动。对此，旅游学应依据体育学中的理论和规律，充分地发挥体育在旅游活动中的作用，并把体育活动作为发展旅游事业的重要建设内容。在有计划和目的性的前提下，进行活动的宣传和实施，以切实提高旅游者的体育价值观，从身心健康的角度出发，不断提升旅游者的参与度。

综上所述，体育旅游学科是一门相互融合渗透的科学，把旅游学与体育学在体育旅游活动实践中加以落实，属于交叉性和应用性科学。人们应按照复合型产业的角度来重新认识体育旅游，从动态发展的角度去界定体育旅游。一般来说，体育旅游应该是一种专业性质的旅游，是人们以参与和观看体育项目为出发点，或者以体育为主的一种新兴旅游活动。目前，随着体育产业的不断发展，也可从体育的角度来解释体育旅游，其涵盖了休闲或假日体育，如今已是人们参与体育的一种方式或形式。

（二）关于体育旅游的理论研究

体育旅游业在国内是一项新兴产业，可以看成一项新型旅游产品。目前，旅游市场还没有将这一类型的旅行项目进行统筹规划。随着中国经济的高速增长，带来了消费市场需求的多样化，旅游产品向休闲、运动与娱乐性并存的多方位延伸发展，旅行者的消费倾向由传统的观赏型旅行转入以参与相关体育活动体验和观光游览为主要形式，以满足健康娱乐、旅游休闲为主要目的的活动。

在世界范围内，早在几个世纪以前，与体育相关的旅游活动就已经开始了。然而，无论是学术研究还是活动开展，体育旅游在 20 世纪后半叶才得以快速发展。

1. 国外关于体育旅游的研究

体育旅游业是旅游业中规模最大、增长最快的部分之一，由于社会、环境、经济发展和机会关系而受到越来越多的关注。众所周知，大型体育赛事对一个城市或地区的经济发展和旅游交通有重大贡献，是旅游目的地营销组合的重要组成部分。根据里奇（Ritchie）和阿代尔（Adair）的说法："体育和旅游业现在是发达世界最受欢迎的休闲体验之一。旅游业是一个万亿元的产业，体育是一个价值数十亿美元的产业，已成为全球数百万人生活中的主导力量。"

在过去的几十年中，有各种研究和论文致力于确定和定义体育旅游，如根据研究需要将体育旅游定义为："出于非商业或工作/商业原因，需要离开家乡和工作地点的所有形式的主动和被动参与的体育活动。"体育旅游与其他类型的旅游业一样，被视为城市地区经济发展的工具。过去的研究考察了社区成员对特定体育旅游活动的感知经济影响。瓦洛·布尔（Walo·Bull）和布林（Breen）报告说："居民确实感觉到体育活动带来了经济效益。但是，较小规模的活动更有助于社会效益，因为居民更可能自愿参与这些活动的运作，而这些活动被视为将社区聚集在一起的纽带。"苏塔（Soutar）和梅洛迪（MeLeod）研究了澳大利亚弗里曼特尔的居民对美国杯比赛的感知，发现在赛事发生前后，居民的感知与实际经历的社会或经济影响有显著不同。也有人认为："体育旅游对社区的实际经济影响没有预期的那么高，活动的社会成本（交通、拥挤等）是一个很大的问题。"

其他的研究也分析了体育旅游可能产生的社会影响，其中包括了环境影响。例如，普罗马伦（Pleumarom）和斯托达特（Stoddart）都探讨了高尔夫球场作为旅游吸引地的影响，哈德逊（Hudson）研究了滑雪者和徒步旅行者对瑞士韦尔比耶（Verbier）滑雪场的影响。

虽然上述的研究很全面，但大多仅将旅游影响分为积极影响和消极影响，没有区分具体的影响类型。

2. 国内关于体育旅游的研究

国内对于体育旅游研究的热点主要集中在三方面：第一，对体育旅游开发与规划的研究。该部分研究主要涉及我国 20 多个省、自治区、直辖市，对不同地区体育旅游的开发与规划进行了探讨。第二，对体育旅游者特征、需求、行为的研究。这部分的研究数量较少，但多采用数理统计法进行研究。研究内容包括不同群体对于体育旅游需求、体育旅游行为偏好的分析等。如吉林体育学院院长张瑞林等人采用定量研究的方法，通过引用体验经济模型，运用 Net Draw 程序生成可视化结构图，对冰雪体育旅游进行了分析。第三，对体育旅游理论与方法的研究。学术界主要将其他学科的相关概念及研究方法移植到体育旅游中，但研究还不够系统，整体研究的时间较短。

3. 总结

总结国内外学者关于体育旅游的研究情况，可以发现：国外体育旅游的研究前沿主要涉及大型体育赛事的绩效及民众支持等层面，偏好于体育旅游的社会影响等方面的研究，研究范围较为广泛且全面。国内关于体育旅游的理论研究，主要从宏观层面进行，定量研究较少，缺少数理统计与构造模型方法的运用。

（三）体育旅游的特点

1. 健身性

体育运动是体育旅游进程中最主要也是必需的安排内容。在体育旅游的过程中，旅游者不仅可以体验到普通旅游活动中的自然风光，还可以加强体育锻炼，促进身心健康。由于社会经济的发展，健康已经成为影响人们消费趋向的重要因素，体育旅游活动因具备体育运动的机会而更能得到消费者的关注，成为人们偏爱的消费选择。随着健身消费观、健康消费观的逐渐兴起，相应的体育健身俱乐部如雨后春笋，发展迅速。与此同时，人们自发组织的体育运动比赛也逐年增加，游客可以在体育旅游的过程中充分参与体育运动，在欣赏美景的同时进行充分的体育锻炼。

2. 观赏性

随着体育赛事的发展，比赛的种类和形式丰富多样，国内的体育赛事也逐渐发展完善，以及国外的体育运动和赛事活动被大量引进，体育旅游已经完全可以满足体育爱好者的多样化的需要。在观赏自然风景的同时，近距离观看体育赛事和表演，或者参与体育运动，已经成为旅游爱好者的不二选择。体育旅游产业也是文化产业的分支，在体育旅游的过程中，游客不仅可以观赏热烈的体育赛事，还能够更加深入地理解旅游地特有的体育特色。近距离的亲身参与可以提高观赏的体验感，与赛事选手拥有同感共情的体验可以使游客在心理和精神层面有更丰富的体验。

3. 交际性

纯粹的体育比赛活动着重于竞赛，而体育旅游业中的体育活动及其赛事更注重于参与者的体育知识、实践、技能的获得，以及参与者的体育精神的培养和体育能力的提高，其文化层面还涉及人际交往，最重要的是提高参与者的身体素质，促进参与者的人际交往能力。在当今这个快节奏的社会，健身运动的机会少之又少，体育旅游业为人们提供了集休闲娱乐和锻炼身体于一体的机会，在娱乐健身的同时可以认识新朋友，扩大自己的社交范围，从而进一步促进自身的发展。

4. 风险性

体育旅游服务有一定的风险，一方面，在赛事旅游项目中，由于场地人多混杂，再加上赛事的激烈程度，可能会引起由于难控制自身情绪而造成的伤亡事故。另一方面，体育旅游业会受到其他产业部门的影响，如经济萧条、生态环境、疾病传播等因素，均会影响到体育旅游业的发展。

5. 差异性

为了更好地发展体育旅游业，满足人们个性化需求的热潮，体育旅游业应在求异和求知方面打造与常规旅游不同的内容，无论是活动的形式还是参与的过程。在设计体育旅游活动时，应参照主动参与和多样性的特点，更贴切人们的消费需求。同时，应满足人们追求新奇特的心理，充分发掘出更多的特色服务，使游客的约束性降至最低，更加符合消费者的需求。另外，针对有消费能力的旅游者和广大的青少年游客，应提供不同层次的服务，以便满足差异化的需求。

6. 时效性

体育旅游一般具有很强的时效性。譬如观摩型体育旅游，人们参加的主要目的是观看体育赛事，且会发生一系列的消费活动。因此，在进行市场开发时，应当准确把握好时间，为以后的宣传和促销等做好充分的准备。在体育旅游业中不仅要把握好时机，也要注意季节带来的影响，譬如冲浪、漂流、登山、滑雪等赛事，均会受到季节的影响。

7. 娱乐性

人们可以在进行体育运动的过程中体验参与型体育旅游，譬如春季的登山运动、夏季的冲浪运动、秋天的高尔夫球运动、冬天的滑雪运动等。人们也可以参与观摩型体育旅游，例如观看奥运会、世界杯、欧锦赛等。上述的体育旅游活动均说明其具有娱乐性等特点。

总之，体育旅游有机地结合了体育项目、赛事、旅游的优秀资源。作为一个新兴的特殊行业，体育旅游在众多新兴产业中处于优势地位，市场潜力巨大。在体育旅游的发展中，结合其特点，以游客的实际需要为出发点，使人们能够更加真切地感受到体育旅游的魅力，让体育旅游能够更好、更快地发展。

第二节 体育与旅游结合的机理

一、体育与旅游结合的现状

（一）政府管理缺乏协调

体育旅游产业是体育产业和旅游产业融合而形成的新兴业态。从政府管理体系来看，主管旅游产业的旅游部门主要负责旅游工作的方针政策和决策部署，拟定相关发展规划并组织实施，维护市场发展秩序等；主管体育产业的体育部门主要职能是统筹体育事业、产业的发展，规范体育事业与产业发展秩序，加强对外体育交流与合作等。两个管理部门分工明确，但尚缺乏协调统一的机制。归口部门的不同，对于既有旅游又有体育属性的项目缺乏系统管理的有机统一，容易发生条块分割、扯皮推诿的现象，制约部门之间的横向协同与项目市场的纵向管理，进而影响体育产业与旅游产业的融合发展。另一方面，在政府、社会组织、市场主体之间尚未形成协调统一的闭环式发展机制，体育旅游的社会组织尚未有效发挥其功能，在政府与市场主体之间未搭建起功能完善的合作平台。

（二）经营主体的业务水平欠缺

经营主体的业务能力一定程度上关乎区域内体育旅游产业发展质量与效率，对于体育旅游的市场拓展、产品开发、品牌塑造等业务发挥着主体作用。在体育旅游产品开发过程中，多以政府为主导，通过政府向社会力量购买服务的方式进行。在赛事开发方面，基本是以政府向社会购买服务的方式开展，赛事运营方体量小、市场开发能力弱，对于赛事的宣传、产品开发、赛事品牌的塑造等方面注重程度不高，使得赛事平均水平的发展滞后等。总体来看，经营主体业务水平欠缺是导致粗放式发展、效率不高、创新不足、服务水平不能有效提高的主要原因，在一定程度上影响了体育产业与旅游产业融合发展进程。

（三）体育旅游产品的质量不高

随着消费市场的转型升级，群众对多元化产品的需求日益增长，而产品的供给不能满足需求已经成为当前产业发展的矛盾之一。

①体育资源与旅游资源整体关联度较低，体育旅游产品品牌价值不高，缺乏精品。在景区建设发展过程中，景区的观赏性资源与参与式体育项目的融合较为缓慢，整体融合水平尚处在初级阶段。例如，贵州省万峰林景区，虽然已开发出一些体育旅游产品，嵌入了体育元素，但体育元素的注入与景区融合黏

度不高，旅游资源和体育资源相互隔离。

②产品体系构建模糊，可替代性性较强；在产品开发层面，缺乏特色产品，经营管理水平较低，产品可替代性强；针对项目赛事的延伸产业链开发不足。

（四）体育旅游消费基础薄弱

①我国经济发展水平虽快速增长，但人均收入整体水平较低，体育与人民生活水平融合度较低，人们对于体育旅游认知较为粗浅，消费意识薄弱，甚至不愿意消费。

②有些地区虽然自然资源丰富，但体育产业与旅游产业融合发展尚处于起步阶段，旅游资源整体开发滞后，体育元素注入较少，消费群体以本地和周边为主体，辐射面较窄。加之基础设施薄弱，品牌影响力不足，体育旅游产品服务能力较弱，对于外来消费者吸引力较弱，难以吸引外来人群。

③由于目前已开发的体育旅游项目专业性较强、趣味性较少，消费人群大多需要充沛的体力，甚至需要经过专业性训练及指导才能参与，从一定层面上限制了消费群体进入流量，消费主体的薄弱影响市场发展。

（五）体育旅游人才结构性短缺

专门人才是体育旅游发展的重要因素，体育旅游发展质量与人才供给水平密不可分。在体育旅游发展过程中，不仅需要拥有良好的沟通与组织协调能力、扎实的体育与旅游知识、丰富的经营管理经验等专业化人才，还需要精通体育旅游市场拓展、产品开发、宣传营销等专业化人才。具体原因如下。

①有关部门在人力资源计划中对体育和旅游专项人才引进招聘较少，跨行业从事体育旅游工作人员较多，在产业及市场开发、规划设计方面人才力量薄弱。同时，专门从事体育旅游产业的行业组织机构较少，且已从业人员中对于体育旅游知识较为欠缺。

②体育旅游专业教育体系不健全，开设相关专业的中高等院校较少，课程形式大多为普修理论课及选修课，缺乏体育旅游课程体系，在人才输送供应链上质量参差不齐，人才区域流动和就业选择在一定程度上造成了体育旅游人才流失。

二、体育旅游产品的发展现状

（一）体育旅游产品的类型

1.健身型体育旅游产品

对于此类产品，应将健身休闲运动与旅游融合，开发出具有健身、娱乐休闲功效的体育旅游产品。我国45家国家级旅游度假区的健身型体育旅游产品如表1-1所示。

表1-1　45家国家级旅游度假区健身型体育旅游产品一览表

序号	省级行政区	旅游度假区	体育运动项目
1	浙江	宁波市东钱湖旅游度假区	帆船、帆板、赛艇、龙舟、皮划艇、水上桨板、垂钓、骑行、登山、露营
2		湖州市太湖旅游度假区	帆船、帆板、游艇、运动飞机、动力伞、三角翼、高尔夫球
3		杭州市湘湖旅游度假区	游泳、皮划艇、桨板、龙舟、赛艇、铁人三项、露营、骑行、跑步、蹦极
4		湖州市安吉灵峰旅游度假区	冲浪、游泳
5		湖州市莫干山国际旅游度假区	皮划艇、桨板、水上瑜伽、垂钓、骑行、登山、房车露营、攀岩、平衡车、滑板、户外拓展、滑翔伞、热气球、山地车、全地形越野车、越野摩托、网球、棒球、橄榄球、射箭、马术、瑜伽
6		杭州市淳安千岛湖旅游度假区	铁人三项、游泳、登山、房车露营、骑行、小轮车
7	江苏	南京市汤山温泉旅游度假区	冲浪、房车露营、马术、游泳、卡丁车、沙滩排球、乒乓球、棋牌、门球、篮球
8		常州市天目湖旅游度假区	登山、露营、篮球、乒乓球、龙舟
9		阳澄湖半岛旅游度假区	骑行、无线电测向、定向、航模飞行、平衡车、网球、高尔夫球、轮滑、运动风筝、瑜伽
10		阳羡生态旅游度假区	骑行、太极、瑜伽
11		常州市太湖湾旅游度假区	龙舟、垂钓、露营、滑草、户外拓展、高尔夫球、卡丁车
12	山东	烟台市海阳旅游度假区	垂钓、帆船、游艇、水上自行车、攀岩、露营、摩托艇、高尔夫球、摩托车、沙滩排球、沙滩篮球、沙滩足球、沙滩手球
13		青岛市凤凰岛旅游度假区	冲浪、快艇、帆船、潜水、海钓、骑行、滑翔翼、沙滩排球
14		烟台市蓬莱旅游度假区	游泳、跑步、篮球
15		日照市山海天旅游度假区	海钓、游艇、帆板、帆船、龙舟、骑行、露营、定向、小轮车、平衡车、沙滩足球、沙滩排球、足球、网球

序号	省级行政区	旅游度假区	体育运动项目
16	云南	昆明市阳宗海旅游度假区	高尔夫球
17		西双版纳旅游度假区	无
18		玉溪市抚仙湖旅游度假区	帆船、户外拓展、攀岩、露营、高尔夫球、射箭
19		大理市大理古城旅游度假区	无
20	四川	峨眉山市峨秀湖旅游度假区	射击、武术、围棋、太极
21		西昌市邛海旅游度假区	垂钓、骑行、露营、跑步
22		成都市天府青城康养休闲旅游度假区	源流、室内滑雪、骑行、户外拓展、直升机体验、滑翔伞、卡丁车、跑步、高尔夫球、瑜伽
23	重庆	丰都县南天湖旅游度假区	户外滑雪、露营、骑行、户外拓展
24		武隆区仙女山旅游度假区	登山、骑行、篮球、网球、羽毛球、高尔夫球、马术
25	贵州	遵义市赤水河谷旅游度假区	水上运动体验、房车露营、低空飞行、漂流、骑行
26		六盘水市野玉海山地旅游度假区	双板、单板、户外滑雪、旱滑、山地摩托车、汽车拉力、越野摩托、漂流、骑行、户外拓展、滑翔伞、滑草、射击、陀螺
27	湖南	常德市柳叶湖旅游度假区	皮划艇、重钓、龙舟、露营、骑行、卡丁车、跑步、高尔夫球、马术
28		长沙市灰汤温泉旅游度假区	无
29	江西	上饶市三清山金沙旅游度假区	山地自行车、房车露营、蹦极、户外拓展
30		宜春市明月山温汤旅游度假区	漂流、户外滑雪、徒步、滑翔伞、跑步、高尔夫球、围棋、板凳龙、斗牛、运动风筝
31	广东	深圳市东部华侨城旅游度假区	户外拓展、航空飞行、高尔夫球
32		河源市巴伐利亚庄园	游泳、室内滑雪、山地自行车、航空体验、高尔夫球、网球、木球
33	安徽	合肥市巢湖半汤温泉养生度假区	户外拓展、航空体验、卡丁车、射击、马术

序号	省级行政区	旅游度假区	体育运动项目
34	西藏	林芝市鲁朗小镇旅游度假区	无
35	广西	桂林市阳朔遇龙河旅游度假区	游泳、漂流、垂钓、龙舟、铁人三项、室内滑雪、露营、攀岩
36	河南	平顶山市尧山温泉旅游度假区	游泳、户外滑雪、山地徒步、航空体验、漂流
37	湖北	丹江口市太极湖旅游度假区	漂流、龙舟、帆船、皮划艇、房车露营、蹦极、户外拓展、卡丁车、武术、太极、蹦床
38	海南	三亚市亚龙湾旅游度假区	游艇、快艇、冲浪、帆板、潜水、高尔夫球
39	福建	福州市鼓岭旅游度假区	垂钓、骑行、户外拓展、露营、跑步、高尔夫球
40	陕西	宝鸡市太白山温泉旅游度假区	户外滑雪
41	新疆	伊犁哈萨克自治州那拉提旅游度假区	漂流、冰雪体验、滑草、营地、跑步、马术、摔跤
42	河北	张家口市崇礼冰雪旅游度假区	户外滑雪
43	黑龙江	哈尔滨市亚布力滑雪旅游度假区	垂钓、划船、游泳、户外滑雪、露营
44	上海	佘山国家旅游度假区	帆板、航空及车辆模型、高尔夫球、马术
45	吉林	白山市长白山旅游度假区	游泳、户外滑雪、高尔夫球

对表 1-1 的运动项目进行分类整理,可将健身型体育旅游产品划分为山地户外运动、水上运动、球类运动、冰雪运动、航空运动、传统运动、汽摩运动、田径运动、健身健美运动、射击运动共 10 种运动项目类型,如图 1-1 所示。当前,45 家国家级旅游度假区开发得最多的 5 种健身型体育旅游产品是山地户外运动旅游产品、水上运动旅游产品、球类运动旅游产品、冰雪运动旅游产品、航空运动旅游产品。其中,有 32 家旅游度假区开发了山地户外运动项目,在 45 家国家级旅游度假区中占比 71%;30 家旅游度假区开发了水上户外运动项目,占比 67%。

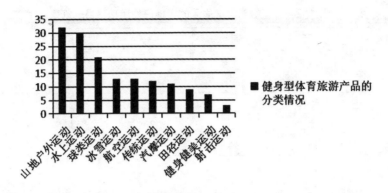

图 1-1 45 家国家级旅游度假区开发健身型体育旅游产品对应的度假区
类型及此类产品的数量

对 45 家国家级旅游度假区所开发的健身型体育旅游产品类型数量进行统计，如图 1-2 所示。45 家国家级旅游度假区的健身型体育旅游产品类型数量不均衡，开发的健身型体育旅游产品差距较大，11%的旅游度假区无健身型体育旅游产品；6%的旅游度假区开发有 7 种以上健身型体育旅游产品；开发 3 种健身型体育旅游产品的旅游度假区数量最多，占比 33%。

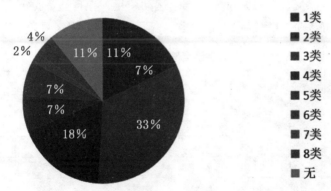

图 1-2 旅游度假区的健身型体育旅游产品开发数量

（1）山地户外运动旅游产品

对表 1-2 的运动项目进行整理分类，并对山地户外运动旅游产品进行词频分析，可见 45 家国家级旅游度假区的山地户外运动旅游产品丰富，但开发差异较大。第一，45 家旅游度假区中，有 19 家旅游度假区开发了露营项目，占比 42.2%，这与很多旅游度假区的绿道、自行车道、登山步道等体育旅游公共设施开发趋势相符。第二，蹦极、攀岩、定向、平衡车、无线电测向、登山等项目的开发频率较低。未来，各旅游度假区可逐步开发小轮车、无线电测向这类新型的运动项目。

13

表 1-2　国家级旅游度假区的山地户外运动项目一览表

序号	项目	词频	序号	项目	词频
1	露营	19	6	攀岩	3
2	骑行	17	7	定向	2
3	户外拓展	10	8	平衡车	2
4	徒步	6	9	蹦极	2
5	登山	4	10	无线电测向	1

（2）水上运动旅游产品

对运动项目进行整理分类，并对水上运动旅游产品进行词频分析，见表1-3。当前，开发了水上运动旅游产品的旅游度假区有30家，主要开发垂钓、游泳、帆船、龙舟、漂流等项目。

①垂钓是旅游度假区开发频率最高的水上运动项目，词频为10；而海钓的开发频率明显很低，词频为2。比起垂钓，海钓需要海水环境，所以开发频率较低。

②水资源主要有海水、湖泊等，所以帆船、皮划艇、帆板、桨板等项目开发较多，但潜水项目的开发度较低。

③游泳、漂流、龙舟是常见的水上运动项目，在自然资源丰富的情况下均能开发；但游泳在29家以水资源为主要资源的旅游度假区中开发程度较低。

表 1-3　国家级旅游度假区的水上运动项目一览表

序号	运动项目	词频	序号	运动项目	词频
1	垂钓	10	8	游艇	4
2	游泳	9	9	冲浪	4
3	帆船	7	10	桨板	3
4	龙舟	7	11	快艇	2
5	漂流	6	12	赛艇	2
6	皮划艇	5	13	潜水	2
7	帆板	5	14	海钓	2

（3）球类运动旅游产品

45家旅游度假区中，共有19家旅游度假区开发有球类运动项目。其中，15家旅游度假区开发了高尔夫球项目，在19家旅游度假区中占比80%，在45家国家级旅游度假区中占比34%。同时，在这19家旅游度假区中，有11家旅游度假区的球类运动项目只有高尔夫球；另外8家旅游度假区主要开发网球、棒球、橄榄球、篮球、足球、羽毛球、木球等球类项目，但开发度均不高。仅广东省河源市巴伐利亚庄园开发有木球项目，这是一项不常见的球类运动，起源于中国台湾。

（4）冰雪运动旅游产品

①45家国家级旅游度假区中，仅9家旅游度假区建有户外滑雪场。尽管全国的国家级旅游度假区冰雪资源不算丰富，但2020年第4批15个国家级旅游度假区中就有3个以冰雪运动旅游产品为主要旅游产品。未来将有更多旅游度假区开展有冰雪运动旅游产品。

②尽管多数旅游度假区缺乏自然冰雪资源，但可以建设室内冰雪乐园或进行旱地滑雪，从而开发滑雪、冰雕、嬉雪等项目。当前，我国仅四川省成都市天府青城康养休闲旅游度假区、广东省河源市巴伐利亚庄园、广西壮族自治区桂林市阳朔遇龙河旅游度假区共3家旅游度假区建有室内冰雪乐园。比起户外滑雪场，室内冰雪乐园的优势在于不受季节限制，四季均可开发冰雪运动旅游产品。

（5）航空运动旅游产品

①航空运动基于空中环境，对陆地、水域的要求较低，具有较易开发的优势。但45家旅游度假区中，仅9家旅游度假区开发了航空运动，占比较小。

②开展的航空运动项目主要为运动飞机、动力伞、三角翼、滑翔伞、热气球等，有2家旅游度假区还开发了航模飞行和航空车辆模型项目。但根据《航空运动产业发展规划（2021—2025）》提出的6大类26个航空运动项目而言，当前的航空运动项目种类并不丰富。

（6）其他运动旅游产品

除山地户外运动、水上运动、球类运动、冰雪运动、航空运动等运动类型外，各旅游度假区还开发了汽摩运动、田径运动、射击运动、传统运动、健身健美运动共5类运动项目。旅游度假区的汽摩运动项目集中在卡丁车、全地形越野车、山地摩托车等上，运动项目不丰富。不少旅游度假区建有体育场馆、跑道、步道等设施，所以开发了跑步、登山等运动项目。旅游度假区的射击运动项目主要有射箭、射击，目前还未对飞镖、击剑等项目进行开发。在传统运动项目中，马术项目开发得最多，有7家旅游度假区开发了马术项目，但其中6家旅游度假区的传统运动项目仅有马术。除此之外，武术、运动风筝、太极、围棋、板凳龙、斗牛、摔跤等运动项目的开发度不高。旅游度假区的健身健美运动项目开发度不高，主要为瑜伽、健身房运动。

2.培训型体育旅游产品

培训型体育旅游产品是旅游度假区"体育＋旅游＋教育"的融合发展产物，是以体育培训为基本形态的一种体育旅游产品。当前，我国国家级旅游度假区已出现两种培训型体育旅游产品，一种是依托研学旅游基地进行体育研学旅行，另一种是依托旅游度假区的体育旅游设施开展体育冬夏令营。

（1）体育研学旅行

体育研学旅行指教育部门和学校通过集体旅游、食宿的方式针对地方体育特色文化有计划、有组织地开展的一种集体育、旅游、教育为一体的综合化教育实践活动。根据体育活动的参与情况，将体育研学旅行分为两类：一类是学生亲身参与体验了体育运动，学习了运动技能，拓宽了体育运动视野的体育参与研学类产品。这类产品通常以冰雪运动、航空运动、水上运动、山地户外运动、高尔夫运动等为主要内容。另一类是以观赏体育赛事、体育景观、体育表演，以及了解体育文化为主的体育观赏研学类产品。

当前，我国国家级旅游度假区的体育研学旅行基地尚且处于起步阶段，体育研学旅行基地较少。安徽省合肥市巢湖半汤温泉养生度假区有一家经纬度航空研学旅行基地，是巢湖市文化和旅游局、巢湖市教育体育局联合评选出的2019年第二批市中小学生研学旅行基地，是度假区内首个航空研学基地，是集知识型、教育型、科技型、研究型、旅游型为一体的航空研学基地。

（2）体育冬夏令营

根据依托的内容不同，体育冬夏令营可以大致分为两类：一类是依托体育赛事开展冬夏令营培训。旅游度假区借助大型体育赛事开展体育夏令营培训，进行各国文化、体育运动技术的交流，弘扬地方特色文化。如江苏省南京市汤山温泉旅游度假区举办了2019年"一带一路"国际定向越野赛暨汤山温泉国际青少年户外定向越野训练营，吸引了来自17个国家和地区的青少年选手参加为期一周的定向越野训练。其间主要进行了定向越野的比赛、训练、交流，业余时间还组织参观了南京博物院、汤山直立人博物馆，进行了夫子庙夜跑活动和紫金山徒步活动，有效加强了青少年之间的体育技能训练和文化教育交流活动，传播江苏省的自然风景和丰厚的人文历史，弘扬"一带一路"和平合作、开放包容、互学互鉴、互利共赢的丝路精神。

另一类是基于旅游度假区良好的体育旅游资源和体育旅游设施建立相应的体育运动学校，开展体育冬夏令营培训。我国国家级旅游度假区的体育运动学校和体验基地较少。四川省峨眉山市峨秀湖旅游度假区有一家峨眉武术体验基地。该基地于2020年开办了为期一个月的首届峨眉武术联合总会武术夏令营，吸引了 150 多名学生、家长、教练。当前，我国国家级旅游度假区主要是依托冰雪运动资源开展滑雪学校，如河北省张家口市崇礼冰雪旅游度假区的太舞滑雪学校、云顶滑雪学校等，每年都开展的青少年冬令营成为该旅游度假区体育旅游收入的主要来源之一。2018—2019 年的雪季，太舞滑雪学校开展的青少年冬令营共接待了 2600 多名冬令营营员。在青少年冬令营开展得最火热的时候，一期冬令营就有 450 人报名参加，还出现床位紧张的现象。

3. 赛事型体育旅游产品

对于此类产品，应将体育赛事与旅游融合，引发赛事旅游，开发出赛事型体育旅游产品。2018—2020 年，45 家国家级旅游度假区共举办 93 项大型体育赛事活动，其中，62 项为全国性及国际性体育赛事，31 项为自主品牌体育赛事，数量不算少。但是，各旅游度假区的体育旅游精品赛事较少，目前仅有国际雪联自由式滑雪雪上技巧世界杯和桂林阳朔攀岩节入选中国体育旅游十佳精品赛事。

（1）大型体育赛事

大型体育赛事能够吸引人们前往参赛和观赛，引发参赛旅游和观赛旅游，有利于地方经济增长。2018—2020 年，45 家国家级旅游度假区共举办了 62 项全国性及国际性体育赛事，平均每家国家级旅游度假区至少举办过一项大型体育赛事。

对大型体育赛事进行类型划分，发现当前国家级旅游度假区的大型体育赛事以山地户外运动、水上运动、球类运动、冰雪运动等为主。62 项大型体育赛事中，山地户外运动赛事有 20 项，占比 31%；水上运动赛事有 14 项，占比 22%；球类运动赛事有 9 项，占比 14%；冰雪运动赛事有 8 项，占比 12%；航空运动赛事、汽摩运动赛事、健身健美运动赛事、传统体育运动赛事分别有 3 项，分别占比 5%；其他运动赛事（唐球）有 1 项，占比 1%。

（2）自主品牌体育赛事

自主品牌体育赛事指旅游度假区结合地方特色文化和民俗体育文化举办的、具有地域特色的品牌赛事。2018—2020 年，45 家国家级旅游度假区共举办了 31 项自主品牌体育赛事。这意味着部分旅游度假区还没有开发出知名度较高、赛事等级较高的自主品牌体育赛事，旅游度假区的自主品牌体育赛事不够丰富。在 31 项自主品牌体育赛事中，马拉松赛事举办最多。赛事易举办、市场广、比赛不经中国田径协会审批等特点，使得马拉松赛事无论是赛事规模还是赛事数量均迅速增加。

（二）体育旅游产品发展的效应

从产业发展和旅游度假区发展角度来看，体育旅游产品能够完善旅游度假区的内容体系、推动旅游度假区提档升级、提高旅游度假区的经济收入、提升旅游度假区的知名度等，体育旅游产品良好的发展效应也是推动旅游度假区持续发展体育旅游产品的重要因素。

1. 完善旅游度假区的内容体系

旅游度假区体育旅游产品的发展有助于带动相关地区的体育运动氛围、完善当地的体育旅游设施。例如，入选中国体育旅游十佳精品赛事的广西壮族自治区桂林市阳朔攀岩节，截至 2019 年已经成功举办了 12 届，每年吸引多个国家的上百名运动员前往参赛。阳朔攀岩节的持续举办促进阳朔完善了攀岩设施，截至 2019 年已有 70 个独立岩场、1000 多条精品攀登线路。又如开发了航空体验、室内滑雪、山地自行车等体育旅游产品的广东省河源市巴伐利亚庄园，在 2020 年 3 月获得了广东省人民政府给予的 5 万元资金支持，用于建设体育运动综合馆、户外运动和马术运动体验馆、航空俱乐部、冰雪竞技俱乐部等体育设施。

2. 推动旅游度假区提档升级

随着旅游度假区"体育 + 旅游"模式的兴起，体育旅游产品的开发越来越热。在省级旅游度假区提档升级为国家级旅游度假区时，体育旅游产品在产品丰富度、游客规模、市场吸引力、品牌竞争力等方面发挥了重要作用。以最具代表性的河北省张家口市崇礼冰雪旅游度假区为例。崇礼冰雪旅游度假区是一家运营冰雪运动旅游产品的"体育型"旅游度假区，2019 年入选为省级旅游度假区。2020 年，崇礼冰雪旅游度假区达到入选国家级旅游度假区的硬性条件，崇礼冰雪旅游度假区依托良好的冰雪运动旅游产品，仅用 1 年时间就顺利升级为国家级旅游度假区。

3. 提高旅游度假区的经济收入

体育旅游产品为旅游度假区带来了大量的运动休闲游客，拉动了旅游度假区的经济发展。以浙江省杭州市淳安千岛湖旅游度假区为例。2017 年国庆期间，共接待骑行游客 7.6 万人次，11 条登山步道共接待运动休闲游客 2.3 万余人。2019 年，共接待骑行游客超过 50 万人次。截至 2020 年 8 月，共迎来 200 多万运动休闲游客，使得淳安县运动休闲游客占总旅游人数的 20%。截至 2020 年 9 月，淳安县的运动休闲游客约 324.89 万人次，约占全县游客总人数的 23.29%，实现体育旅游经济收入 35.73 亿元。

4.提升旅游度假区的知名度

　　健身型体育旅游产品、赛事型体育旅游产品均可以提升旅游度假区的知名度。比如浙江省宁波市东钱湖旅游度假区，自成立至今逐渐形成多元化运动休闲产品体系，体育旅游业态初具规模，体育旅游产品推动了东钱湖旅游度假区在互联网上的搜索热度，"东钱湖"与"体育+""体育旅游+""运动+""高尔夫+"等关键词在百度搜索量高达476万次，有效提高了东钱湖旅游度假区的知名度。同时，体育赛事作为一项重大活动，可作为赛事旅游业务进行开发和经营。赛事型体育旅游产品所创造的品牌、形象、精神风貌可以为举办地营造良好的体育旅游发展氛围，提升举办地的影响力和知名度，并改善举办地的自然环境和社会环境，吸引大量游客前往旅游。

（三）体育旅游产品的发展优化路径

1.制定地方体育旅游政策

　　建议已成立旅游度假区管委会的旅游度假区制定出台支持体育旅游产品发展的政策文件，并将体育旅游产品纳入旅游度假区重点培养名单。旅游度假区管委会可在旅游度假区产业发展规划中明确提出支持开发体育旅游产品，实现"以规划促进产品开发"。同时，鼓励有条件的旅游度假区管委会出台关于产品发展的资金扶持政策，对符合条件的旅游度假区体育旅游产品给予一定的资金扶持，如对投资旅游度假区体育旅游产品的企业给予奖励，对规模大、效益高的体育旅游产品给予奖励。通过资金扶持的方式，重点培育一批优质的体育旅游产品，通过培育一项或多项体育旅游精品赛事、精品项目等，形成以单个产品为中心的产品结构链条，并对区域内发展较差的产品扩散开，实现"以点带面"，推动区域体育旅游产品快速发展，最终提高旅游度假区的体育旅游产品经济效益。

2.引导体育旅游产品开发

　　建议旅游部门与体育部门进行联动，开展旅游度假区的体育旅游资源认定工作，推动旅游度假区精准开发一批优质且充满地域特色的体育旅游产品。相比于体育自然资源，体育旅游资源认定工作应更加注重对体育旅游人文资源的挖掘，加强对体育旅游人文资源的全面盘点，如舞龙、赛龙舟等民俗体育活动。通过体育旅游资源认定工作，积极开发体育旅游产品，逐步推动旅游度假区形成地方民俗体育旅游特色品牌，逐步建立"一年多节庆"的民俗特色体育旅游新格局。

旅游部门应积极引导旅游度假区利用体育旅游资源开发体育旅游产品,并在体育旅游产品开发过程中注重体育旅游资源与体育经济的发展与契合。

遵循体育旅游资源开发利用与旅游度假区游客的体验和谐关系,建立资源开发利用的游客体验机制,满足游客的体验需求,提高游客体验满意度,提高旅游度假区体育旅游产品的二次体验率。

3. 积极开发体育旅游产品

坚持以"体育+"为开发原则,积极开发体育旅游产品。

①加强体育与旅游的融合,积极发展骑行、登山、房车露营、皮划艇、桨板、滑雪、滑翔伞、热气球、全地形越野车、越野摩托等健身型体育旅游产品;发展更多具有地域特色的自主品牌体育赛事,有条件的旅游度假区应积极争取举办更多大型全国性、国际性体育赛事。

②加强体育与旅游、教育的融合,依托旅游度假区的滑雪场设施、高尔夫球场、户外营地、体育运动基地等体育场所,建立滑雪学院、高尔夫球学院、青少年研学基地等,进行体育运动培训。

③加强体育与旅游、科技的融合,加强5G,AR,VR,MR,AI等高新技术在体育运动中的应用,积极开发VR高尔夫球、VR滑雪、智能体育赛事等体育旅游产品。

④加强体育与旅游、康养的融合,利用温泉、森林等自然资源开发具有康养功能的温泉瑜伽、森林瑜伽等康养型体育旅游产品。

⑤加强体育与旅游、文化的融合,开发以体育表演与体育景观为基本内容、以体育观赏为基本形式的体育旅游产品。

⑥加强体育与旅游、农业的融合,开发以农业采摘为特色,融入体育赛事活动等体育内容的体育旅游产品。

4. 构建体育旅游产品体系

为了避免体育旅游产品发展同质化,凸显产品特色,在体育旅游产品开发前进行市场调研是必不可少的。市场调研应紧扣游客在旅游度假区进行体育旅游度假的行为特征、动机、喜好等,以便开发满足游客多样化的体育旅游度假需求,提升游客的重游率。建议结合市场调研情况,完善旅游度假区的体育旅游设施规划,并对旅游度假区体育旅游产品的发展进行专项培训,围绕旅游度假区的体旅融合发展、体育旅游产品发展现状与发展困境、国外体育旅游产品发展经验等主题,提高旅游度假区管理层对体育旅游产品的高度重视,打造一批懂理论、能实操的体育旅游产品发展人才队伍,以此推动体育旅游产品高质量发展。

通过市场调研情况，开发更多满足游客需求的体育旅游产品，并构建旅游度假区体育旅游产品体系。体育旅游产品体系的构建对呈现旅游度假区的体育旅游特色、塑造旅游度假区引擎、面向客源市场推销体育旅游产品、发展体育旅游业具有重要作用。同时，体育旅游产品开发处于起步阶段，体系的构建能帮助旅游度假区更好地规划和整合区域内体育旅游资源，从而开发体育旅游产品。在体育旅游产品体系的构建过程中，要注重其"全季节性""全民性"等特点，面向全年龄段人群开发全年可运营的体育旅游产品。

（四）体育旅游产品优化策略

1. 提升产品体系

①结合当地文化特色，推进旅游产品深度开发。旅游产品一般是组合产品，在开发的过程中应考虑与当地的特色旅游、节庆旅游等结合。由于旅游者的年龄、学历、收入、爱好等多方面的情况，山地户外运动旅游消费出现较为明显的多样化和差异化，开发或优化产品的思路需要从以前单一的产品结构向组合型产品结构转换，构建专一型、观光型、组合型的产品体系。

②与其他产业进行多角度融合发展。体育旅游与其他产业的业务融合应以市场需求为导向，争取实现产业在管理和组织上的创新。目前，文化旅游产业的产品与服务被体育旅游产业使用，二者的边界不断模糊，业务和产品也不断交融，可以对二者就组织层面进行技术、业务、管理的整合。在消费市场、消费者需求不断变化的情景下，体育旅游在政策和规划等技术融合指引下与其他产业融合发展，在一定程度上创新产品的形态，形成包含医疗康养等多元功能的新产品，从而在市场上取得一定优势获得更多消费者的青睐。体育旅游与文化旅游在技术与业务方面进行融合，形成的新旅游产品和全新经营内容应针对新的市场需求，将技术与业务融合，改变旅游者的消费方式，刺激消费者进行更多消费，从而实现较高的经济收益。

③丰富产品分层的项目内容。在体育旅游产品优化过程中，应考虑到产品的分层内容，主要是为适应低、中、高不同消费水平旅游者的需求，以打造多层次、多类型、多功能的体育旅游产品为目标，在现有的产品分层结构上增加每个层次的内容。而且，无论是体育旅游产业发展还是体育旅游产品开发都要以打造文化牌为核心。

2. 加强宏观调控

①在正常的社会发展过程中，政府应进行宏观调控，对体育旅游资源进行设计，根据发展目标，结合自身实际，对其进行深化；发展当地特色，避免与

其他地区政策同质化和产业同质化。

②在政策法规中提出培育相关社会组织并规范其发展，利用决策会议、服务外包等手段解决社会组织发展资源不足的困境；组织培育符合市场需求的社会组织协会等，弥补政府与企业之间的代沟，解决政府产业治理方面的盲区，同时促进社会组织的良性发展。

③应在政策中确立具体机制、明确投入力度和实施保障等情况，细化政策条款，保证政策执行时每一步都能得到落实，保证体育旅游产业中支持对象、投入资金、土地专项规划等方面得以具体定位，提高政策的可实施性和准确性。

④政府应深化"放管服"，简化项目申报、审批等流程，降低审核时间，为市场争取更多成本。地方政府应整合调整行政部门职能，设置专门的办公室来处理体育旅游的相关事宜。

目前，在疫情防控常态化的情况下，政府制定的只是为度过当下困难的短期支持性政策。仅凭这些政策支持企业长久经营并不现实，这就需要政府出台一些能发展体育旅游产业竞争力的长期政策。

3. 提高市场竞争力

①政府与企业一起做大做强。以项目的潜力与市场的广阔来吸引更多发展较好地区的大型企业投资。以大型旅游企业发展为主要方向；以政策引导为手段，改变以政府为主导的开发模式；发展较好的体育旅游企业，淘汰或兼并收购发展不好的旅游企业；以政府文件提出的发展目标为企业开发产品的导向，以龙头企业和政府共同带头控制市场产品开发营销方向；不断完善市场管理，提高政府监管的力度，让企业在体育旅游发展中起引导作用，促使体育旅游产业发展获得市场调配。此外，产品开发应结合区域特征，根据资源特色合理规划，对不理性的产品开发加以监督和制止。

②疫情期间的建议。由于疫情的原因，远途旅游市场短期内难以恢复，部分机构、单位处于严厉防控的情况，学生群体出行也需要严格的出入流程，导致远途旅游市场处于低迷状态。但是，旅游产业的发展本就是相互带动，而且长期防疫隔离会导致很多旅游者的旅游欲望强烈。所以，高质量的城市周边旅游产品会受到旅游者的喜欢。体育旅游产业优化还需要考虑的是优化行业核心竞争力。疫情导致一批中小型企业运营压力过大而退出市场，市场缩小和结构调整对原有的竞争格局带来影响，出现了一些市场空间，为现存企业提供创新发展空间，大型企业之间可以增加战略合作、建立发展同盟、进行利益互惠，从而在疫情中生存与发展。

三、体育产业与旅游产业融合的理论

(一) 体育产业与旅游产业融合的内容

产业融合是多个维度的组合, 而不只是简单的一维空间, 具体包括如下。

1. 技术融合

技术融合指随着高新技术的出现和运用, 可以不用面对面就实现文件的输送, 包括声音、照片、视频等。

2. 网络融合

网络融合指建立一个新网络, 就可以传输流媒体和其他内容中的声音。

3. 设备融合

设备融合指将之前需要多种不同设备才能发挥的功能和服务用更少的设备实现。

4. 企业融合

企业融合指企业为实现产业领域或产业内部行业的跨区域发展, 选择性的将内容传送给不同的受众。

5. 管制标题

管制融合指通过对资源的管理机构和服务内容进行合并, 实现对资料的整理。

(二) 体育产业与旅游产业融合的分类

一般来说, 研究产业融合有三种分类方法: 产品性质、融合方式、融合程度。如表 1-4 所示。

表 1-4　产业融合的分类

分类方式	类别	产品或内涵
产品性质	替代性融合	各自独立的产品进入一个共同的集合后, 可能具有较为类似的功能
	互补性融合	产业产品在融合后共同使用能够实现更好的效果
	结合型融合	各自独立的产品在融合时合成更好的产品, 发挥其作用
融合方式	渗透融合	主要是由于技术的创新产生的, 一般发生在产业的边界
	延伸融合	通过融合各自实现了产品的更新, 可以提供更好的服务
	重组融合	发生在相关性高的产业之间
融合程度	完全融合	新产业替代旧产业, 两大产业合二为一
	部分融合	新产业不能完全替代旧产业, 与旧产业之间是既有竞争又有合作
	虚假融合	产业之间的融合没能实现更好的利益创造

（三）体育产业与旅游产业融合的机理

1. 融合的动力

体育产业和旅游产业融合的主要动力有两个方面：一方面是内在动力，表现为产业资源的大众性；另一方面是外在动力，表现为群众消费需求的高级化。

（1）内在动力

产业资源的大众性是体育产业和旅游产业融合的内在动力。产业内部资源运用到其他产业的方式越简单便捷，资源的大众性就越高。其他产业对资源的利用率高，产业资源的成本就会变低，通过资源的通用与其他产业发生融合的机会也会提高。

体育产业与旅游产业的资源大众化程度高，使两大产业有可能融合，具体分析如下。

①体育健身活动与旅游景区的体育活动有着很高的相似性，二者的市场主体、产业产品、产品功能有着很高的重合度。

②民间传统体育赛事既属于体育产业资源，又超越了体育产业本身，属于旅游产业资源。体育赛事可以作为城市的重要标志物，进行旅游项目开发和经营，提高旅游产业的综合效益，使城市知名度得以提升。

③开展体育健身活动的大型体育场馆包括在旅游分类中，是旅游资源的一部分，具有双重特性，既可以作用于体育产业，又可以作用于旅游产业。一方面，城市可以把具有艺术性的体育场馆作为地标建筑进行开发，形成独特的城市旅游产品，如鸟巢、水立方等；另一方面，大型体育场馆既可以用来举办体育赛事，又可以用来作为旅游收费项目提供给旅游消费者。

（2）外在动力

群众消费需求的高级化是体育产业和旅游产业融合的外在动力。体育与旅游已经不再是小众的时尚，而是成为大众的选择。在我国这两大产业的市场正在经历从单调需求向多层次、多样化需求转型升级时期。消费升级使人民可以追求更多高质量的生活方式，消费需求变得高级化。体育产业和旅游产业融合正是适应消费者需求变化所产生的，一方面带动两大产业发展，另一方面促进消费需求向更高层次提升。

2. 供需关系

从供需角度来看，通过运用特定生产要素对体育产品与旅游产品进行加工，形成体育旅游产品，满足消费者的需要。

体育产品与旅游产品分成有形产品和无形产品。有形产品包括体育用品和旅游纪念品，无形产品包括体育赛事的举办权和经营权等，二者都可以进行产业融合。例如，在赛事旅游中，消费者通过购买周边产品来支持自己心仪的队伍，这些周边产品既是体育产品又是旅游产品。无形产品包括竞赛表演和健身娱乐产品。有形产品通过将一方需求寄托在另一方产品或资源之中；无形产品在消费者进行相关活动时伴随着产生，实现体育与旅游的双重需求。

（四）体育产业与旅游产业融合的路径

产业融合是一个多方面、多层次的过程，一般有三个阶段：技术融合、业务融合、市场融合。其中，技术融合是最低层次，业务融合是中间的核心层次，市场融合是最终层次。产业融合一般最先出现在技术的创新改进上，之后通过集中企业力量和资源，及时调整产业发展策略，实现进一步的业务融合。技术和业务有效融合的前提是出现消费者需求，即市场的需求。体育产业和旅游产业之间的资源融合形成了许多新产品，扩大了体育和旅游产业的界限，丰富了资源的种类。

1. 技术融合

技术融合指本产业的高新技术运用到其他产业的程度，有利于为产业链的业务和市场融合奠定技术创新的基础。技术融合主要通过两种方式实施：标准融合和规划融合。标准融合指具有一定强制性的，为促进体育及相关产业发展而进行的产业之间的技术规则共享。体育产业和旅游产业的标准融合主要指两个主要产业的标准进行融合。规划融合指通过主体产业及相关产业的资源调查和规划等手段，延伸体育产业链，提高产业价值。总之，体育产业与旅游产业融合是两大产业通过规划产生的产业链延伸。

2. 业务融合

业务融合指体育产业与旅游产业从业务角度出发，进行产业模式的重构和产业技术上的更新升级，最终实现产业内部管理与组织的变革。业务融合主要通过两种方式实施：人才融合和组织融合。人才融合将使知识得以融合，它是产业内部企业的重要工作。当前，发展我国体旅融合产业的弊端之一是，很少有既能理解两大产业理论又能实际运作的国际和综合人才。组织融合意味着在信息社会中，运用融合建立了灵活的企业管理系统和组织模型，给企业业务提供了融合路径。体旅融合可以整合过去利用不足的资源，降低业务拓展的物质门槛，使企业在业务中的融合拓展规模，扩大双赢局面。

3. 市场融合

市场融合指通过技术和业务融合，产生了新的消费者和消费需求。市场需要创新融合产品来满足消费者，从而获得市场份额，扩大自身竞争优势。从市场供求的角度来看，市场融合主要通过两种方式实施：买方需求融合和卖方产品融合。买方需求融合是随着经济水平的提高，人们对消费产品质量的要求在逐渐增加，对体育和旅游产品的要求也越来越高。消费者不再对单个产品和服务感到满意，而是希望能一次进行一套完整的产品消费。因此，要求体育产业与旅游产业围绕买方的需求进行产业融合，驱使两个产业进行技术、业务等方面的融合，最终引起卖方产品的融合。卖方产品融合指通过技术、业务等方面的融合，引起产业产品功能的融合，能够一次性满足买方的多种需求，主要通过新的产业形态呈现。

（五）体育产业与旅游产业融合的策略

1. 强化政策引领

体育旅游产业作为体育产业和旅游产业深度融合而形成的新兴产业形态，融合范围广、涉及面宽、融合发展系统较为复杂。同时，二者在区域内发展上下起伏、水平不一。因此，实现体育产业和旅游产业高效融合发展的进程中，强化政策引导必不可少。

①应制定并出台符合当地体育旅游发展政策和规划，使当地体育旅游发展运行的标准和管理进一步规范化，加强体育旅游整体规划，健全市场体系发展，为体育旅游产业发展计划、市场、项目发展、人才等方面发展提供宏观指导。

②体育与旅游两个行政部门协调统一，突破部门间的行政壁垒。

③加强社会组织和市场主体作用，发挥社会组织功能作用，在政府和市场主体间搭建功能合作平台，形成政府、社会组织、市场主体间协调统一的闭环式发展机制。

④深化放管服，就是在既要放也要管的同时优化服务方式。体育旅游产业为融合发展新型产业，在政策制定方面，应综合考虑其产业发展特性，建立监管和约束机制，相对放宽政策准入及产业管制。在产业发展方向上做到市场主导、政府扶持；不断完善配套设施，提高体育旅游服务水平；充分发挥市场在发展过程中的功能和作用，激发市场主体活力，构建发展完善的体育旅游产业体系；以消费带动，培育市场主体，围绕人民群众日益增长的体育旅游休闲消费需求，培育壮大企业主体，以市场驱动强化体育旅游产业集群发展。

2. 加强信息化建设

数据支撑为体育旅游发展宏观决策提供有力的依据，大大提升了顶层设计和服务决策的质量。立足大数据中心，应强化信息化建设在体育产业与旅游产业融合发展的过程中的功能和作用。

①规范体育旅游的流量、收支、活动等基础数据进行有效统计，并对其进行分析、处理、共享，为顶层设计、规划、决策等提供高质量、可视化数据服务，提升服务决策质量。

②融入 AI 智能运用，构建智慧旅游服务体系，研发 "体旅 App"，通过计算机视觉辅助技术优化智能体育服务，分别在景区和线上开展攀岩、滑雪、速降、滑翔伞等动作标准化的 VR 指导培训和体验；开发线上产品与服务等一体化功能服务，增加游客体验感，以科技力量为体育旅游发展添力赋能。

3. 提高企业竞争力

体育产业与旅游产业融合发展，要求企业从制度、资金、技术、市场等要素出发，多角度推进产业融合，拓展与创新企业的增值空间；从客户多元需求出发，立足市场发展现状，厘清并分析区域内资源配置状况，优化资源配置；立足当地自然资源及优质人文资源，开发具有当地特色的体育旅游精品；从二者融合发展的方向出发，开发多元价值链创新，从单一产品向复合型产品转变，从大众化向个性化转变，从纯粹观光向体验、康养、休闲等复合型转变，打造多元化体旅复合型产品，不断提高企业发展竞争力。

在发展过程中，应坚持引进和培育创新型发展企业，积极营造创新发展的良好环境，制定激励企业创新发展的政策措施。以政府引导为主，不断规范体育旅游市场，强化市场在资源配置中的决定作用，提高企业整合业务和参与市场发展能力，形成体育旅游产业发展的良性循环。

4. 建立人才培养机制

随着体育产业与旅游产业融合的进一步推进，综合性多样化的体育旅游产品和其特有的性质满足了现代人旅游需求的变化，呈现出巨大的发展空间。同时，这对人才提出了更高的要求。因此，强化人才培养、优化人力成为体育旅游发展的一项重要战略任务。针对体育旅游产业人才缺乏的现状，本书提出以下建议。

①建立多渠道人才引进机制，大力引进体育旅游市场营销、产品开发与管理的专业人才，建立人才引进激励机制。

②结合内部晋升机制，建立行政单位或企业内部人才培养机制。针对专职

专岗人员采用外派学习与内部培训相结合，加强从业人员学历教育，增强体育旅游专业知识能力。

③建立与高校人才培养合作机制。加强与已开设体育旅游相关专业的高校进行合作。根据产业发展实际需求，联合制订人才培养方案，共同培养"懂策划、能运营、强技能、能指导"的体育旅游专业复合型人才，建立完备的人才输送供应链体系。

第三节 体育旅游的影响

一、体育旅游的积极影响

（一）文化方面

我国有着丰富多彩的体育项目，发展体育项目有着天然的优势。通过国家扶持发展体育旅游产业，可以带动体育的发展，增强民族文化的影响力。在发展体育的同时，必将引起人们对各地文化的关注，让人们对保护传统文化产生共鸣。让传统体育和传统文化成为商品供人消费，既是对文化的充分利用，也是保护文化的最好方式。

（二）经济方面

体育旅游在推动经济发展方面的作用主要表现在扩大就业机会、增加税收、促进各相关行业的发展等方面。国际体育旅游的发展有利于促进外汇收入的增加；国内体育旅游的发展则能够使货币从国内一个地区转移到国内另一地区，有利于更好地分配国民收入，促进国内地区间经济的协调发展。通常来说，一个旅游地的经济越发达，游客就越多。经济发展滞后的地区一般很难吸引游客，但如果经济落后地区的体育旅游资源丰富且极具特色，也会吸引游客来访，游客在这些旅游目的地的消费会促进这些地区经济的发展，同时会促进这些地区人民生活水平的提高，地区间的经济发展差距就会缩小。

我国的山区、乡村、偏僻边远地区有相当多有特色的体育旅游资源。这些地区的经济发展落后、人民生活条件较差，与东部经济较发达的地区有很大的差距。但通过发展体育旅游，改善了原来的经济面貌和环境质量，提高了本地人民的生活水平，同时吸引了外界投资。可见，我国在扶持经济落后地区时，可采取旅游扶贫这一有效的途径。

（三）环境保护方面

较高的环境质量是发展体育旅游的一个主要条件，发展体育旅游又有利于促进环境保护。体育旅游在环境保护方面的积极作用主要体现在以下几方面。

1. 有利于推动自然资源保护

要想发展体育旅游，就需要对高原、雪山、草地、河流、森林等自然资源进行开发，作为体育旅游产业发展的基础。经过开发的自然资源为体育旅游项目的开展提供了良好的场所，如登山项目、自驾车越野项目、漂流项目、滑雪项目等。为了更好地开发旅游项目、发展体育旅游产业，需要将这些自然旅游资源保护好。

2. 有利于基础设施的改善

要想发展体育旅游，就需要设计旅游路线。为了促进体育旅游的方便通达，设计人员需要不断扩建、新建主路与辅路，不断改善沿路的路况，同时也应有意识地提高常规线路上的运营车辆的档次。为了给体育旅游者提供方便，应多在旅游线路上设置加油站、汽修点、邮局，同时也应增加设备数量，提高设备档次。

3. 有利于相关设施的建设

要想发展体育旅游，就需要对大量的相关设施进行建设。发展体育旅游，有利于推动旅游目的地和沿途相关设施的建设，如休闲娱乐设施、康复设施、健身设施等，除这些设施外，体育用品商店的数量也会日益增多。

4. 有利于古迹遗址的保护

体育旅游的发展为旅游地区带来了可观的收入，收入的增加为历史建筑、古迹遗址的维护、恢复、修整提供了良好的资金保障，所以说体育旅游的发展有利于保护历史遗址和古迹建筑。

5. 有利于环境卫生质量的提高

发展体育旅游需要旅游地的环境质量达到一定的要求，应比一般生活与生产的环境质量高一些，其中最基本的要求是保证人体健康。为了使旅游者的多元体育旅游需求得到满足，旅游地必须加强环境管理，促进环境质量的提高。

二、体育旅游的消极影响

(一) 对环境的消极影响

近年来,体育旅游的人数大增,随着游客素质、活动时间、活动方式、活动程度、活动地点等因素,使得一些旅游地的自然环境、社会文化、民生经济受到一定的干扰,甚至破坏与消失。

体育旅游对环境存在一定的消极影响。其中,人文环境是人类活动所组成的周围环境,是人为的、社会的、非自然的,其产生应与人类社会文明进步的客观相适应。但是,伴随着社会的发展,在种种利益的驱使下,人文环境出现了与人类社会文明进步背道而行的现象。在旅游业蓬勃发展的今天,旅游活动对人文环境造成了一定程度的影响,在大部分地区,特别是在有些贫困地区,其负面影响要大于正面影响。随着我国体育旅游产业的飞速发展,旅游者的不文明行为引发的问题日益突出,影响了自身利益,也破坏了旅游地的人文和自然环境,甚至严重地危害了中国人的国际形象。此外,部分旅游团的不正当行为和部分景区服务行业的不道德行为也在很大程度上对旅游地的人文环境产生了消极影响。

(二) 对风情民俗的消极影响

从体育旅游乃至于所有的旅游形式来看,当旅游者在参加体育旅游或其他的旅游活动时,不可避免地会同旅游地的居民产生接触。无论是从眼前的旅游活动还是长远的旅游影响来说,这一过程本身就是一个互动的过程。比如,旅游者受当地体育旅游节目的影响,在参加旅游活动的过程中受当地特定的体育文化的感染。再比如,外来的旅游者给旅游地的居民所带来的外面世界的一些生活方式、新兴潮流等。然而,外来文化对旅游地的风情民俗所带来了巨大的冲击。在一定程度上,旅游地的风情民俗正在逐步地被同化,甚至可以说体育旅游直接造成了旅游地的风情民俗资源的同化现象出现。例如,云南省是我国的一个旅游大省,多民族省份的现实赋予其很多特别的风情民俗资源,非常多具有民族特色的民族体育运动让这个省份有着开展体育旅游先天独厚的条件。近些年来,体育旅游活动如火如荼地在云南省的各个地方开展。在体育旅游的开展过程中,这里层次丰富、形态多样的具有少数民族风情特色的风情民俗资源不断受到冲击,非常多的风情民俗资源逐步地或者说已经被同化。比如在体育旅游的开展过程中,各种各样的体育旅游设施的建设让很多少数民族原本的泥土夯筑或砖石砌筑的建筑结构逐步向水泥混凝土结构过渡;在建筑风格上,傣族的干栏式建筑民居的构造受到外来旅游者的影响，真正意义上的竹楼已经非常少了。为了更好地方便旅游者，一些汉族风格的仿古建筑已经不断地出现在这些体育旅游风景区，原来具有少数民族特色的竹楼建筑越来越少。从深层次剖析，这样的风情民俗同化现象不仅是一种具有民族特色的旅游资源的消失，更是一种民族传统文化的消逝。

　　一方水土养一方人，地方文化综合反映着当地的政治、经济、历史、教育等。本来，区域文化的发展应当受到其特定区域的影响，有着自己的发展规律和运行机制，都有着各自真实、淳朴、神秘的一面。然而，随着社会经济的发展，伴随着建立在区域特色体育文化之上的体育旅游活动的展开，某些人为了迎合旅游者的需求，为区域带来更好的经济效益，将很大一部分具有区域特色的风情民俗资源变成了低俗、落后、不健康的需求。比如，为了满足体育旅游的开展，一些地区对很多传统习俗进行错误的解释，让一些各具特色的风情民俗被扭曲变形。再比如，为了更好地开展旅游活动，少数民族的传统竞技体育服饰习俗受到现代体育服饰习俗的影响而逐渐消失。这种风情民俗资源的庸俗化现象不断扩大，让人扼腕痛心。

第二章 体育旅游的发展现状

体育旅游延伸了旅游和体育两大产业链，已成为旅游发展的新亮点和市场消费的新热点。以发展体育旅游产业作为转变社会经济发展方式的重要抓手，紧扣项目牵引，打造品牌赛事，推进区域联动，促进旅游成为"新体育"内涵提升、外延扩大的有效途径和方式，为推进体育强国与旅游强国建设注入了新动能。本章介绍了体育旅游的产生与发展、体育旅游的现状分析、体育旅游存在的问题、体育旅游的发展趋势。

第一节 体育旅游的产生与发展

一、国外体育旅游的产生与发展

体育活动自原始社会时期开始就已经出现了。搜集很多国家存有的历史文献，发现很早以前就有了体育旅游活动的记载。早在 15 世纪就出现了以体育活动为影响因素所产生的旅游等活动或行为。从古希腊、古罗马的历史文献中可知，在很早以前，人们就参加赛跑、格斗、水浴等各种区域性活动，不过大多数是富人（自由人、男性）才能够参加的活动。16 世纪以来，交通越来越便利，给人们的外出提供了便利的条件，体育活动开始受到人们欢迎。比如在英国，贵族子女会在欧洲大陆旅游，各地的庄园主或贵族会定期在庄园内举办带有趣味性质的运动会或游园会。由于世界各地的交通逐渐便利与城市化的不断推进，使得体育旅游产业蓬勃发展，很多人专门去旅游地进行运动。

早在 19 世纪中期，英国就已经创立了登山俱乐部。1883 年，挪威、瑞士等国建立了滑雪俱乐部。1885 年，英国建立了野营俱乐部。1890 年，法国和德国相继创立了休闲观光俱乐部。不同种类的俱乐部的建立不仅满足了各国游客对不同地域环境特色的追求，还满足了人们对体育旅游的新需求，预示着旅游商业化即将正式展开。在 19 世纪后半叶，社会在不断地发展，人们的生活质量得以提高，促使室内娱乐和户外运动越来越受人们的喜爱。对于体育健身和闲暇娱乐活动的规模也在不断地扩大。

20 世纪初，以休闲为主的体育健身行业在欧美国家开始出现。20 世纪中后期，体育旅游日益壮大起来，体育娱乐项目增多，体育基础设施得到完善。自 21 世纪以来，旅游产业的蓬勃发展促使其内在含义更加充足丰富，体育旅游作为一项特色活动，能够使其更快地进行转型升级。体育旅游产业与休闲产业紧密结合，新的项目切合点越来越多，普及程度也越来越高。

国际体育旅游委员会积极倡导各国关注旅游议题，具体来说，包括旅游的发展历程、主要类型、管理机制、具体设施、主要规划等，以及体育产业的发展前景与市场策划。2000 年以来，体育的全球化态势更加明显，体育产业化速度明显加快。欧美学术界对体育旅游研究争先恐后，呈现百花齐放之势。

在对体育旅游进行探讨时，国外学者着重关注的研究点集中在几个方面：旅游者的旅游意向、旅游行为，旅游地的具体规划、市场研发，等等。国外学者认为优秀的体育旅游产品设计不应只为设计而设计，而是产品设计者、旅游消费者、利益管理者的有机融合。他们强调，随着物质生活的极大丰富，民众对旅游的关注点会集中体现在与人类健康有关的方面，有必要开发各种活动形式以促进旅游者健康运动的意愿，尽可能多地为游客提供各种机会，从消费者视角出发验证旅游产品的实用性。

二、国内体育旅游的产生与发展

（一）国内体育旅游的产生

我国体育旅游正式发展开始于 1980 年之后。自兴起至今，体育旅游已与国民生活密不可分。在 2000 年之前，我国有关体育旅游的相关书籍和资料数量较少。1991 年，刘杰发表了《论体育旅游》一文，针对体育旅游的发展与普及首次进行了探究，奠定了我国体育旅游的基础。经过几十年的研究探索，对于体育旅游相关探究以首要看重旅游转换成重视于体育。

（二）国内体育旅游的发展

随着我国经济的增长和国民生活水平的提高，相关部门也提升了对体育旅游的关注度。自 2008 年北京奥运会至今，关于体育旅游的文献的数量呈波浪式上升，这意味着我国体育旅游的发展正在稳步提升，并逐渐走向成熟。

1.体育旅游发展的原则

（1）复杂系统原则

体育旅游产业是一个非常复杂的系统，不仅表现出有序性的特征，同时具有整体性、复杂性的特征。由此可以得出，体育旅游产业的发展应正确处理系统内部各子系统之间的关系，保证体育旅游产业的系统有序发展；同时，应处理好体育旅游产业与其他产业之间的联系，形成产业间的良性发展格局。体育旅游产业的发展应该遵循复杂系统原则，建立科学完整的产业体系，形成具有平衡性的耗散结构，保证体育旅游产业有序地发展，不断推进体育产业系统适度开放，不断推动体育旅游产业系统变革创新。

（2）开放融合原则

体育旅游产业的发展应突破体育资源与旅游资源的限制，积极寻找能够推动产业创新的关联产业进行融合，实现产业重组，开发新型业态，通过产业间的开放融合，实现体育旅游产业结构的进一步优化。跨国形式的体育旅游活动促使人员、资金、信息等方面的国际流动增加，为体育旅游产业国际化的发展提供有利的发展契机。体育旅游产业坚持开放融合原则，凭借着独特的行业特点和产业优势，通过人员交往、国际合作等重要途径，积极吸收国外先进的体育旅游产业发展经验；同时，强化自身产业的开放性，吸引更多的外国游客，能够为加强国际间经济交流做出重要贡献。

（3）产业协同原则

产业协同是产业链条中的企业在生产、营销、管理、技术等方面相互配合、相互协作，从而形成高度的一致性与和谐性。产业间相互协同会产生协同效应，使得产业内的企业能够获得更高的收益，形成产业竞争优势。体育旅游产业是体育产业与旅游产业之间相互融合的结果，其形成与发展需要体育产业、旅游产业、其他关联产业共同推动。体育旅游企业应正确处理与关联企业间的关系，形成有效的协作。各企业间通过资源共享、合作研发、结构优化等方式，实现产业一致化，充分发挥体育旅游产业的协同效应，推动新产业链的形成及价值的实现。

（4）创新发展原则

创新发展是一项重大战略，是企业持续发展之基，是市场制胜之道。体育旅游产业作为两种产业融合的产物，本身就是产业创新的结果，是具有自身特性的新兴产业。在互联网等高新技术迅速发展的当今社会，体育旅游产业发展的一个重要动力就是创新。为了满足消费者个性化需求，推动产业持续发展，体育旅游产业必然需要遵循创新发展原则。创新系统中，观念创新、制度创新、技术创新、产品创新等是其发展的内在动力。同时，互联网等先进科学技术的创新为体育旅游产业创新提供了重要的途径与平台。体育旅游产业的运行在创新观念的引领下更加迅速，有利于优化产业结构，实现产业结构的高度化、合理化，加快体育旅游产业的快速发展。

（5）有效供给原则

供给侧结构性改革是我国结合中国经济发展现状提出的重要决策。无论是体育产业还是旅游产业，均处于经济的供给端，但二者的发展均存在供需不匹配的问题，旅游产业发展方式粗放、传统供给供过于求、新型供给供不应求等供需矛盾显著。体育旅游产业的发展既要实现精细高效发展，通过加大供给侧结构性改革，增加有效供给，以此引导消费需求，实现体育旅游供求的积极平衡；也要通过对互联网等新兴技术的利用，提高供给端的生产能力，并以此促进经济增长，提高体育旅游产业的创新能力。

2. 体育旅游发展的平台

体育旅游产业的运行平台是体育旅游产业进行产品供给与推广、信息传递与共享等业务的重要载体。体育旅游产业的运行过程既需要借助体育产业与旅游产业的运行方式，也需要根据自身特点进行提升与改进，在充分发挥已有资源平台功能的基础上，不断丰富体育旅游产业的发展内容，不断创新体育旅游产业的运行方式。总体来看，体育旅游产业的运行平台包括线下的实体平台与线上的互联网信息平台两种基本类型，实体平台与互联网信息平台共同构成了体育旅游产业健康运行的重要依托。

（1）实体平台

实体平台是体育旅游产业运行发展的基本平台，是消费者能够真正接触到的平台。体育旅游产业各参与者在实体平台中能够直接进行交流，明确表达自己的态度，实现信息直接传递和资源直接分享。同时，实体平台为体育旅游产业的发展提供物质基础，是体育旅游产品创新与服务创新的重要依托。体育旅游产业运行的实体平台主要有旅行社、体育旅游俱乐部、体育旅游行业协会、相关企业等多种组织形式。

①旅行社。旅行社是承载体育旅游产业快速发展的重要实体平台，是策划体育旅游赛事、组织体育旅游项目、开发体育旅游市场的重要发起者。体育旅游产业的发展需要依托旅行社作为基本平台，在现有产品基础上进行产品创新、开发体育旅游产品，通过旅行社等媒介进行宣传与推广。从历史发展来看，体

育旅游消费者对旅行社等实体门店在一定程度上具有依赖性。随着体育旅游产业的不断发展，消费者的体育旅游需求不断细化。面对不断创新的市场环境，旅行社传统的门店模式正逐渐转型、升级为体验店，成为旅游业最直观的宣传地点。旅行社的体验店模式具有体验经济学的理论根据，迎合了体育旅游产业的体验性要求，为体育旅游产业实体平台的推广提供了新途径。

②体育旅游俱乐部。体育旅游俱乐部是一种群体性社会组织，是体育旅游相关主体聚集在一起进行体育旅游活动的组织团体。体育旅游俱乐部为体育产业与旅游产业的融合创造了条件，为促进体育旅游产业的蓬勃发展注入了动力，为开展各种形式的体育旅游活动提供了契机。一般来讲，体育旅游俱乐部由体育旅游爱好者、体育旅游产品制造商等有共同兴趣的成员建立。其中，体育旅游俱乐部为体育旅游爱好者提供知识交流与经验分享的机会，体育旅游产品制造商为体育旅游活动提供出行装备。体育旅游俱乐部通过举办特色的体育旅游活动，推动体育产业与旅游产业的深度融合。

③体育旅游行业协会。体育旅游行业协会是介于相关政府机构与体育旅游企业之间，为参与体育旅游活动的各类主体提供咨询、沟通、协调等服务内容的社会中介组织。体育旅游行业协会在体育旅游产业发展的过程中充分发挥着桥梁和纽带的作用，搭建体育旅游行业资源对接平台，为体育旅游产业持续、快速、健康的发展贡献特殊的力量。体育旅游行业协会具有多种表现形式，一般是社会团体自愿结成的区域性、行业性、非营利性的行业组织，需要在有关部门备案登记。

④相关企业。体育旅游产业的运行发展离不开相关企业的参与和互动。体育旅游活动涉及的相关企业包括体育企业、旅游企业、支撑服务性企业等多种类型，它们相互合作、相互补充，共同构成了推动体育旅游产业持续发展的重要力量。体育旅游产业的运行需要体育企业、旅游企业、支撑服务性企业的共同参与，仅依靠其中的一方均不能充分发挥体育旅游产业融合的优势，三者的协同发展在体育旅游产业的运行中发挥着重要作用。体育企业能够为体育旅游提供设施场地；旅游企业能够为体育旅游提供娱乐服务；餐饮、住宿、购物、保险等支撑服务性企业能够进一步丰富体育旅游产业体系内涵，更高地发挥出体育旅游产业的优势和作用。体育企业、旅游企业、支撑服务性企业通过举办体育活动、承办体育赛事、推广旅游品牌等方式，能够实现体育产业与旅游产业、体育旅游产业与关联产业的深度结合，有利于提高体育旅游产业的附加值。

（2）互联网信息平台

在互联网快速发展的背景下，网络信息传递的快捷高效性创新了体育旅游产业的运营方式。充分发挥互联网平台的优势特点，能够快速提升体育旅游产业的发展速度，能够进一步增加体育旅游产业的商业价值。

①电子商务。体育旅游电子商务以互联网为媒介，以体育旅游信息库、电子化商务银行为基础，是一种利用最先进的电子手段运作体育旅游产业及其分销系统的商务体系。电子商务为体育旅游产业提供了互联网营销平台，是促进体育旅游参与主体共享知识与增进交流的网络化运营模式，为体育旅游消费者与体育旅游供应商之间的交易提供了重要途径。电子商务是体育旅游产业实现经济效益的重要网络平台，有利于促进体育旅游产业的转型升级。

②网络社区。网络社区是网络化和信息化的社区，具有相同主题的网络社区，往往是一群有共同志趣个体的网络聚集地。体育旅游产业可以借助不同类型的网络社区，进行商业推广和品牌建立。一方面，网络社区形式的虚拟平台实现了在虚拟空间内的信息互动，通过社区中各参与者之间的交流，有利于获取促进体育旅游产业发展的信息，达到增强体育旅游活动吸引力的目的；另一方面，垂直社群类 App 也是网络社区的典型代表，针对某一消费人群需求开发移动软件产品，能够丰富体育旅游产业运行平台的内容。

③搜索引擎。搜索引擎为体育旅游爱好者迅速获取有效信息提供了便利。以专业垂直搜索引擎为导引，能够全面整合门户网站、专业网站、博客、论坛社区等多重链接的运营模式，通过体育旅游产业供需双方的互动沟通，能够将信息搜索和消费者关注点引向主题不断深化的开放式社会媒体和支持决策的专业数据窗口。搜索引擎具有平台的互动沟通功能，能够不断将消费者的出游意愿清晰化。体育旅游企业根据体育旅游者的消费需要，通过研究用户搜索信息，运用大数据思维，采用信息筛选、数据挖掘等技术，能够获取有效信息，为企业决策提供关键的信息支持。

④智慧服务。智慧服务是体育旅游产业运行的重要网络平台，通过借鉴云计算、物联网等较为领先的发展理念，可以把互联网充分运用到体育旅游产业上，形成具有资源合理分配特点的新业态和新模式。智慧服务平台是智慧体育与智慧旅游相互融合的重要保障，是在体育旅游活动中实现智慧医疗、智慧出行、智慧零售等多方面功能的重要基础，有利于增加体育旅游产业的科技贡献率，有利于提高体育旅游产业的资源匹配效率。智慧服务作为体育旅游产业运行的重要网络平台，能够在很大程度上激发体育旅游产业的发展潜力。智慧服务与体育旅游产业的结合是互联网技术与体育旅游产业嫁接的重要体现，在促进体育旅游产业转型升级的过程中发挥了重要作用，有利于增强体育旅游产业对区域经济的带动效果。

3.体育旅游发展的因素

（1）消费需求

①消费需求是体育旅游产业运行的拉力。消费需求是体育旅游参与者对于以商品或劳务形式存在的体育旅游消费品的需求和欲望，消费需求以及动机的出现是体育旅游产业萌芽与发展的基本要素。随着生活水平的逐步提高和生活态度、方式的改变，消费需求也必将出现由低层次向高层次逐步发展的趋势，呈现多元化、多层次的特点。为满足消费者不断变化的需求，体育旅游企业不断开发新产品，向市场供给多样化的产品与服务。体育旅游产业的发展离不开消费需求的拉动，需求拉动是体育旅游产业形成与发展的重要动力，体育旅游消费需求随着市场环境不断发生变化。

②消费需求新变化创造体育旅游产业发展新机遇。个性化与综合化。随着生活水平的提高，人们的需求与消费文化模式已发生变迁，人们对于体育健身的消费意识增强，个性特征所起的作用越来越大，对于体育产品不再满足于基本的功能，倾向于对全套产品解决方案的综合化需求。体育旅游产品消费者在个性化、综合化上的要求，促进了体育产业与旅游产业的融合发展。健康化与绿色化。在推崇绿色发展、号召全民健身的大背景下，体育旅游产业的发展有着全民动力，体育旅游作为一种追求放松、休闲、挑战的新型生活方式能够迎合消费者对于健康化、绿色化的需求，具有巨大的发展潜力。

（2）政府政策

①政府政策是体育旅游产业运行的主要推力。体育旅游产业在发展初期具有一定的风险性，在资金筹集、资源获取等方面都有一定的难度，政府往往扮演先行者角色，引导体育旅游企业的进入。体育旅游产业作为一种新兴产业，需要政府在政策上给予扶持。一方面，政府颁布政策为体育旅游产业的发展指明了方向，鼓励一批具有创新意识的企业进入体育旅游产业，不断推动体育旅游产业发展壮大。另一方面，管理体制、办事流程上的不断创新，为体育旅游产业创造了灵活、便利的政策环境。

②政府政策与时俱进扶持体育旅游产业发展。全域旅游理念的提出为体育旅游产业发展创造了有利条件。全域旅游模式要求旅游业实现从封闭的旅游自循环向开放的"旅游＋"融合发展方式转变，该种理念肯定能够为体育旅游产业创造良好的发展环境，有利于创造有利的发展条件。体育旅游产业作为全域旅游的重要实现形式，有利于推动全域旅游的发展。马拉松、骑行、登山等户外休闲旅游的兴起，参与者通过参与户外运动、相关赛事等，能够一次实现多

区域、跨区域的旅游活动。因此，以全域旅游理念整合体育资源，以体育资源建立区域间的联系，通过满足体育旅游消费者需求，推动全域旅游实现转变。全域旅游的发展理念为体育旅游产业的发展提供了更加广阔的空间，为体育旅游产业的转型升级提供了良好的发展契机。

（3）技术进步

①技术进步是体育旅游产业运行的根本推力。技术进步对于经济发展最为直接、最重要的作用是促进新兴产业的出现与发展，赋予新兴产业生机与活力，实现新兴产业可持续发展。当某项技术逐渐成熟，并有企业通过采用此项技术取得成功后，在市场激励下企业会进一步扩大生产，增强企业竞争能力，促使更多的竞争者进入这一领域，使得产品与市场规模不断扩大，从而催生出新兴产业。体育旅游产业作为新兴产业同样离不开技术进步的推动。一方面，技术进步为体育旅游产业的创新与发展创造条件，通过应用新技术，促进体育与旅游的深度融合，推动体育旅游产业的发展。另一方面，技术进步为挖掘顾客价值提供有利条件，为体育旅游产品研发与推广提供平台，加快产品价值的实现，从根本上推动体育旅游产业向前发展。

②技术进步促进体育旅游产业发展创新。新技术的出现推动了体育旅游产品创新。技术进步是推动力，技术尤其是信息技术的不断发展，被广泛应用于体育旅游产业中。例如，通过大数据分析运动项目，精准定位消费者需求；通过移动互联网聚合社区建设，定向为体育旅游消费者服务；通过智能化场馆管理系统，实现体育场馆信息聚合，完善场馆定价和预定功能。新技术和新手段的引进，为体育旅游产业的改进提供了更加科学的工具，促使体育旅游产品能够更好地满足消费者需求。"互联网＋"开创了体育旅游新模式。互联网已成为人们生产、生活、交流的重要渠道，已经渗透到社会的各个方面。"互联网＋"时代的到来开创了体育旅游新模式，利用互联网平台、信息通信技术将互联网与体育旅游产业结合起来以创造新的业态。每个人都成为信息的载体，都成为数据资源的重要来源，垂直社群、自媒体为体育旅游传播提供了更加广阔的途径。"互联网＋体育旅游"为体育旅游产业发展提供了新思路和新方向，将互联网产业与体育旅游产业结合，有利于实现产业的跨界融合，推动体育与旅游的深度渗透。

（4）资源基础

①体育旅游资源基础是体育旅游产业运行的压力。产业资源是产业在运行中所需要的各种资源要素，是产业运行的物质条件，能够增强产业核心竞争力的资源称之为产业核心资源。产业核心资源具有独特性，随着科学技术的迅猛

发展以及经济全球化程度的提高，市场竞争日益激烈，产业能否获得竞争优势在很大程度上取决于能否拥有具备独特性的产业资源。产业核心资源具有稀缺性，产业核心资源的稀缺性不仅增强了企业对资源的争夺，还推动着企业不断对资源进行深度开发与挖掘，从而提升资源利用率，促使产业发展形势更具多样化，为产业发展注入新的活力。

②完善体育旅游资源体系为体育产业创造有利发展条件。体育旅游资源体系包括体育旅游基础设施、体育旅游产品项目、体育旅游相关赛事等多方面内容，完善体育旅游资源体系为体育旅游产业的发展创造了有利条件。我国体育旅游设施建设步伐加快，为体育旅游产业的发展提供了物质基础，出现了体育场地数量规模不断扩大、利用程度显著提高、经营方式多样化的发展局面。基于 LBS 检索预定功能的普及，智慧场馆运营商等的出现，体育场地经营的带动效应逐渐凸显，为体育与旅游的相互促进创造了条件。体育旅游产品项目为体育旅游产业的发展提供了重要途径。健身跑、登山攀岩、射击射箭、极限运动等有发展空间的项目逐渐被人们接受，群众参与积极性也不断提高，健身休闲项目的推广激发了群众对体育活动参与的热情。我国积极引进国际精品赛事，提升了体育旅游产业的品牌知名度。奥运会、亚运会等大型综合赛事的引进，国际马拉松赛等一系列专业赛事的举办，推动了体育赛事格局的多层次、多样化发展，促进了体育旅游活动的蓬勃发展，加速了体育旅游产业的深度融合。体育旅游资源体系的不断完善为体育旅游产业的良好发展创造了有利条件。

（5）企业行为

①企业行为是体育旅游产业运行的内驱力。企业行为是企业为追求一定的目标所进行的社会活动。企业作为产业发展的重要参与者，是推动产业发展的主导力量，是驱动产业运行的内在动力。企业行为对于产业发展的作用是多方面的，企业对目标产业市场的进入和退出能力影响着产业发展的方向以及产业结构安排，企业的生产、投资等行为影响着产业的发展速度，企业的技术选择和技术开发能力影响着产业发展的质量以及结构的合理化。为应对外部环境变化，企业通过获取核心资源、加大研发投入等方式，增强企业竞争能力，所采取的合理行动也为产业的发展带来一定的推动力。

体育旅游企业是体育旅游产业发展的经营主体、创新主体，体育旅游企业行为对于体育旅游产业的竞争力和发展效率具有重要影响。体育旅游企业通过获取体育旅游资源，不断满足消费者对提高体育旅游产品质量、采取合理定价行为、提高营销水平等的需要，以获得更多的市场份额，提高产业绩效，提升体育旅游产业竞争力。体育旅游企业通过科技创新、人才创新、模式创新等手段，提高企业经营效率，增强企业专业化程度，推动创新链、产业链的深度融合，实现产业可持续发展。

②企业争夺资源与创新商业模式驱动了体育旅游产业发展。企业对体育旅游资源的争夺扩大了体育旅游市场。体育旅游资源成为各大企业的重要争夺目标，谁能够优先获取体育旅游资源，谁就占有了竞争主动权。我国企业在体育旅游资源尤其是体育资源方面的争夺上十分激烈。例如，新英体育高价购下了英超 6 年的转播权，智美集团成为斩获 2015—2017 年广州马拉松赛的市场开发和赛事运行服务合作方。体育旅游资源争夺战是企业进入体育旅游产业的积极表现，为体育旅游产业注入了活力，是体育旅游产业发展的主导力量。企业对体育旅游商业模式的创新引领了体育旅游产业的发展方向。在体育旅游产业兴起过程中，适合体育旅游发展的商业模式逐渐形成，并呈现出多种形式，既包括海航体坛、海涛旅游等专业的体育旅游产品供应商，促使体育旅游产业各环节形成新的商业模式，为体育旅游产业的发展指明了新的方向。

（6）竞争环境

①竞争环境是体育旅游产业运行的激励力。体育旅游产业在竞争环境中不断演化，竞争环境时刻激励着体育旅游产业朝着稳健的方向运行。根据生态经济学相关理论，生产具有某种同类属性体育旅游产品，但是体育旅游产品存在差异的企业集合可以称为体育旅游产业，参与体育旅游产业经济活动的所有主体构成了生态系统。体育旅游产业构成要素之间与生物种群之间具有相似的关系，在区域经济系统中既相互依赖、相互协作，也存在着争夺区域资源和市场需求的竞争行为。

②不同形式的竞争激励着体育旅游产业的发展。根据体育旅游产业的发展特点和构成主体之间竞争过程的差异性，可以将竞争环境划分为直接竞争和间接竞争两种表现形式。体育旅游产业中企业之间如果存在明确性的竞争或者对抗性的竞争称之为直接竞争，如果存在间接的、隐含的、不明显的竞争关系称之为间接竞争。体育旅游产业中生产相似产品或者提供相似服务的企业之间往往存在直接的竞争关系，而那些生产替代产品或者提供替代性服务的企业之间一般存在间接的竞争关系。无论是直接竞争还是间接竞争，体育旅游产业中的竞争既有产品和服务上的竞争，也有对人才、技术、资金等其他资源的竞争，不同形式的竞争都刺激着体育旅游企业不断推陈出新，都激励着体育旅游产业加速向前发展。

4. 体育旅游发展的保障

（1）政府职能保障

政府职能是保障体育旅游产业良好运行的重要实施手段，是在体育旅游产业运行过程中应该承担的职责和具有的功能，能够在体育旅游产业发展过程中发挥重要的职能保障作用。政府能够在市场失灵时发挥重要的引导和协调作用，充分发挥其宏观调控效果，保障体育旅游产业快速、持续、健康的发展。政府通过制定合理的体育旅游产业政策，有利于形成体育旅游产业利益相关者的共同价值观，有利于规范体育旅游产业参与者的行为，有利于打造保障体育旅游产业发展的稳定秩序。政府应该在顶层设计、法律法规、打破壁垒、因地制宜、投资融资等多个方面发挥其基本职能，为体育旅游产业的良好运行提供制度保障，为体育旅游产业的健康发展提供行政支持。

（2）产业政策保障

产业政策是保障体育旅游产业良好运行的重要政策基础，是国家和各个地区制定的引导体育旅游产业发展方向、调整体育旅游产业结构、推动体育旅游产业升级的政策体系，对实现体育旅游产业的可持续发展具有重要意义。任何产业的发展均离不开国家产业政策的支持，产业政策是体育旅游产业运行过程中的关键保障因素，在一定程度上影响着体育旅游产业的发展趋势。体育旅游产业的发展具有资源和环境依托的特点，其产业规模、产业活力等多个方面与其他成熟产业相比竞争能力较弱，需要有效的产业政策作为推动力。体育旅游产业政策应该密切联系国家相关的体育旅游产业发展战略，同时也要根据体育旅游发展形势的变化不断做出调整，持续为体育旅游产业的运行提供良好的政策环境。总体而言，产业发展政策、产业结构政策、产业组织政策共同构成了体育旅游产业运行的政策保障体系，共同发挥着促进体育旅游产业健康发展的重要功能。

体育旅游产业的运行需要产业发展政策的保障，通过科学合理的手段深入调查体育旅游产业发展现状，积极制定一整套产业发展的政策体系促使体育旅游产业从不合理到合理、从不成熟到成熟、从不协调到协调、从低级到高级的逐步演变，实现体育旅游产业规模从小变大、体育旅游产品由少变多的产业发展目标。体育旅游产业的运行需要产业结构政策的保障，科学制定体育旅游产业内部构成要素之间相对地位、关联关系、生产效率、社会供需的协调机制，积极探索体育旅游产业与关联产业的融合政策，不断促进体育旅游服务业的发展，不断推动体育旅游产业结构的合理化和高度化，逐步实现体育旅游产业结构的优化调整。体育旅游产业的运行需要产业组织政策的保障，积极制定适用于调整体育旅游市场结构、规范体育旅游市场主体行为的政策内容，降低体育旅游产业内企业规模经济效应与竞争活力的冲突，促使体育旅游市场结构趋于合理，从而取得最优的体育旅游市场绩效。

（3）区域经济保障

区域经济是保障体育旅游产业良好运行的重要外部环境，是在一定区域内经济发展的内部因素与外部条件相互作用而产生的生产综合体，不同地区体育旅游产业的发展受到自然条件、社会经济条件和技术经济政策等区域经济因素的制约，体育旅游产业的运行需要良好的区域经济发展环境作为保障。各个地区无论是体育旅游资源还是支撑资源都是有限的，体育旅游产业的运行需要实现区域内各种资源的优化组合，从而实现体育旅游产业发展的最大经济社会效益。体育旅游产业是资源依托性产业，体育旅游资源的区域性决定了体育旅游产业发展具有区域性特点，不同区域的体育旅游产业资源优化配置的途径也不尽相同，因此区域经济的发展环境决定了体育旅游产业的运行效果。体育旅游产业与区域经济是相互促进的关系，体育旅游产业的转型升级带动了区域经济发展，区域经济的高质量发展同时也为体育旅游产业提供了重要的支撑。

体育旅游产业与传统旅游产业相比更具有区域性，体育旅游产业的发展以赛事、体育自然资源、体育运动休闲项目等资源条件为前提，无论是以冰雪资源发展的哈尔滨滑雪旅游还是以奥运会为契机发展的北京赛事旅游，都体现了体育旅游产业以区域资源为导向的开发特征，具有丰富体育旅游资源的城市或地区成为体育旅游产业开发的重点。

①体育旅游产业的运行要以区位布局理论为指导，充分发挥各个地区的区位优势，促使体育旅游产业发展立足当地市场条件，合理适度开发区域体育旅游资源，不断优化体育旅游产品结构与项目，防止任意开发、过度开发等现象的出现，实现体育旅游产业经济效益、社会效益与生态效益的统一。

②体育旅游产业的运行需要以区域分工协作与区域经济一体化作为基础，充分发挥建筑业、商业、交通运输业等关联产业对体育旅游产业发展的保障作用，通过联合开发等形式实现体育旅游产业的资源共享和优势互补，不断增强体育旅游产业发展的协同效应，不断提高各地区的协同收益。

③体育旅游产业的运行需要实现区域间资金、人才等支撑要素的合理配置，不断加强各个地区体育旅游参与者之间的相互联系，充分发挥各个地区体育旅游产业支撑要素的价值，实现体育旅游产业的跨区域协同发展。

第二节　体育旅游的现状

一、国外体育旅游现状

（一）国外体育旅游总体状况与特征

当前，国外把体育旅游分为参与型体育旅游和观赏性体育旅游两类。参与型体育旅游在发达国家中作为一种时尚盛行。同时，对欧美地区的发达国家来说有很多的机会举行大型的国际比赛，拥有较完善的国内联赛市场开发体系。由于观赏性的体育旅游所占比例越来越大，所以其值得人们展开深入的研究。在欧美发达国家中，体育旅游愈渐成熟。也就是说，体育旅游市场规模已经逐渐形成。同时经营的途径也被拓宽；对资源的持续循环利用予以重视的态度，从而获取客观的效益规模。

澳大利亚政府高度重视体育旅游项目的发展。这些项目的内容丰富多样，包括环境调查、国际及国内市场分析、发展方案和实施过程，等等。以不同视角制定具体的发展策略。合作与沟通、科技研究和教育培养，这都是澳大利亚体育旅游发展方案中至关重要的部分，所以必须对这两方面进行加强和落实。澳大利亚的人民对于体育旅游经济的发展对国民经济的帮助深信不疑。

对于旅游的开发和运营，法国的实力早已名列前茅。并且规模庞大，游客数量在世界中处于很高的地位，甚至比本土人口数量都要多。法国人认为生活中离不开旅游，法国的体育旅游资源发达，每年都会举行大型比赛活动。能够进一步推动法国旅游产业的转型与升级。法国的体育旅游能得到突飞猛进的提高，政府也对此给予了高度的重视，并提供了一系列的政策等加以扶持。此外，法国体育明星的宣传以及国内群体对体育旅游的需求，还有法国体育教育的发展，都是体育旅游产业长期稳定发展的重要保障。

在旅游行业内，瑞士的体育旅游可以说是一大亮点，作为世界的冰雪运动旅游的开创者，瑞士以登山和滑雪为突破点，率先在这两个领域开展了新的项目。随着科学技术的不断发展，瑞士在完善基础设施的过程中投入了大量的人力物力，因为冰雪运动旅游行业需要依赖大量的基础设施，瑞士政府在完善基础设施方面可是投入了很大的成本。作为回报，冰雪运动旅游行业给瑞士政府带来了巨大的经济效益，成为政府收入中的必不可少的一部分。

综上所述，作为一种综合性的服务产业，体育旅游行业的进步需要多方面综合因素的协调发展。体育旅游行业不仅仅对经济发展有一定的激励因素，同时它也可以作为一种媒介去推动体育周边产业的发展。尤其是在政府的鼓励下，体育旅游正在不断地发展完善。体育旅游产业已经走过了上百年的历史征程，如今体育旅游产业与现代化的结合使其又焕发了新的生机，已经成为人民休闲生活中重要的有机组成。大部分发达国家都能够深入地发掘体育旅游资源，并且将其应用到经济增长上。由此，能够成为社会休闲产业中不可或缺的板块。

（二）国外针对体育旅游研究的重点

体育旅游行业对多种行业产生了方方面面的影响，在国外展开了热烈的研究与讨论，比如在经济效益、利益周期、投入产出比等相关因素的研究，外国学者能够从不同的视角展开深入的调查，结合不同方面的社会因素进行了跨领域、全方位的分析。

体育旅游业最先在国外建立，起源于 20 世纪的中后期，最先在英国的赛马领域所展开。在 20 世纪 80 年代末期，多个权威的体育运动机构针对赛马行业展开分析，希望开辟出新的服务行业。到上世末期，英国、美国等专家学者，对于现有的体育服务周边行业进行深刻分析，并发表论文，建立了较为完善的体育周边服务体系，这些理论能够在实际应用中进一步推动体育旅游产业的发展。

在体育旅游行业的不断完善中，多国学者对心理学知识展开了深入的学习与研究，如美国学者调查研究了不同年龄不同身份的体育旅游游客后，总结出了较为完善的结论，这位美国学者认为，参加体育旅游能够对人们的产生极大的益处，不论是强身健体还是放松心情，体育旅游是不二的选择，能够使参加体育旅游的游客得到更深层次的喜悦与满足。

学者通过实例分析的研究方法，重点探讨了开展体育旅游项目，体育旅游行业作为一种服务产业，自然离不开旅客的参与。旅游者作为最主要的参与者，对于体育旅游产业具有极大的影响。同时，作为一种综合性的服务业，体育旅游行业需要将旅客的反馈作为自己完善的方向。针对体育旅游行业的综合因素，英国学者以发展动机为切入点，在进行了综合性调研后，认为目前海洋旅游业是最具有发展潜能的旅游业之一。相关政府需要加快相关基础设施建设，培养专业人员。通过不断完善创新，才能将海洋旅游产业现有的资源充分利用，然后借助海洋旅游产业的发展推动整个旅游业的不断开拓创新。

当然，作为一种起步比较晚的服务产业，体育旅游业自然不像其余服务业那样拥有着大量的市场资源与客户资源。所以，若想体育旅游能够突破瓶颈继续发展的话，需要不断进行商业宣传与基础建设。但是由于政府不断加大技术与人才的投入，使得体育旅游行业正在不断优化结构，从而可以源源不断地产出高效的经济利益。所以在对体育旅游业进行相关分析时，不要忽略这一行业的经济效益带动，各国研究者应该对游客流量和游客心理进行总结，从而拉动更多的消费者的消费欲望。从而促进体育旅游产业的进一步发展，为经济的发展提供更大的动力。基于针对体育旅游不同研究方法分析，专家学者在研究过程中不仅研究了理论知识，还采取了一定的实践活动，以案例来验证可行性。

针对 2005 年期间英国橄榄球队以及爱尔兰橄榄球队参与新西兰举办体育竞赛活动的相关探讨和研究，主要从旅游者产生的消费方面以及控制管理方面进行研究探讨，在研究中得出了一些结论：旅游者会带着主观意识去参与体育旅游项目；体育旅游是一种新的经济发展模式，能够带动经济发展，从而带来更高的经济效益，并且能够促进当地文化等的发展。研究者主要通过运用以往案例来开展相关研究，研究对象是亚速尔群岛发展的体育旅游项目。在发展体育旅游项目的过程中，能够带动相关经济的发展，促进就业；亚速尔群岛地理环境优越，有丰富的自然资源，生态环境优美，为亚速尔群岛发展体育旅游业打下了坚硬的基础，体育旅游项目主要是涉及沙滩运动、冲浪运动、跳水运动以及远足运动等。

总之，对于国外的体育旅游项目研究涉及的范围比较广泛，研究的内容也比较丰富，考虑了多个方面，包括社会学等，这些研究在内容上都比较有说服力也比较注重外在感官的感受。国外有许多著作对于消费者的心理以及行为展开了细致的思考，依据文化等多个视角展开描述，也涉及关于消费的层次、为什么想要消费、消费时的情绪等。体育旅游带来的经济效益是国外格外重视的，他们将体育旅游的相关理论与实践相结合，在实践过程中运用理论知识，提高经济效益，这使得理论更好地应用于实践，从而提升整体的积极意义。

二、国内体育旅游现状

（一）国内体育旅游的发展现状

1.体育旅游促进经济增长功劳显著

以滑雪为带头的河北省张家口市崇礼区体育旅游等服务业总产值占全区 GDP 的 30% 以上，解决了农村近万人的就业问题。以生态体育闻名全国的江苏省宿迁市充分利用骆马湖等生态水域资源，打造了以游泳、马拉松、皮划艇、跑步为代表的各种赛事,骆马湖、三台山生态四项也成为宿迁的亮丽名片。因此，体育旅游作为新兴产业，在优化产品结构，拉动地方经济增长和服务社会上作出了突出贡献。

2.体育旅游产品结构不断优化

近十年来，随着体育主题旅游的逐步兴起，旅游者从单一的观光游向休闲、参与、体验、度假为主的体育旅游转变。目前，我国已经初步形成多样的体育旅游产品体系，如体育赛事表演、水上运动、冰雪运动、户外运动、沙漠探险、山地越野、民族民间特色项目等相结合的体育旅游产品体系。各地区充分利用自身的优势自然资源，形成了各具特色的体育旅游产品体系，东北地区发挥冰雪优势，沿海地区利用海洋优势，西南地区聚焦民族民间项目和户外运动，西北地区把重心放在登山探险和沙漠越野运动上。加快推进我国体育旅游的发展，是新时期体育产业结构升级的新途径，也是全面深化改革的重要举措。

（二）国内体育旅游的研究现状

1.体育旅游产业发展研究现状

关于体育旅游产业的研究，突出集中在不同地域体育旅游产业发展的境况、体育旅游产业中的创新、作用以及不同背景下体育旅游产业发展策略等方面。金嫒嫒、张琳、周鹏等人对我国体育旅游产业发展现状进行了分析，结果发现当前我国体育业与旅游业实现了初步的融合，但在很多方面仍存在着问题与不足。周文福、刘德军、苏莉等人对我国体育旅游产业发展面临的问题、制约体育旅游产业发展的因素以及发展策略进行了研究，发现体育旅游产业具有广阔的市场前景和消费群体，但在开发与管理等方面缺乏行之有效的策略，仍存在众多因素制约着体育旅游产业的健康发展。郝胜利、姜晓丽、韩雁南等人对体育旅游产业的作用进行了研究，结果发现体育旅游在社会价值、经济价值以及人文价值等方面具有一定的促进作用，并提出推进旅游产业发展的建议及对策。

我国在早期已经产生了旅游活动，但详细产生的年代不能精确拟定，因此由于旅游活动贯穿于我国发展的整个历史经过时间的累积，从而形成了独具特色的文化。而且还对于社会的经济发展有着极大益处，以前开展的各类旅游大部分状况下是到达指定地点或位置，感受本地的文化抑或是欣赏本地的景观，大部分的旅游活动都是以欣赏为首要形式。在人们生活水准乃至生活品质逐渐得到提高的同期，传统的旅游动只能解决消费者的个别需要，却不能够随着时代的变化发展提供更加多的可能性。因此，更多的旅游模式逐渐浮现，比如说具有冒险性的旅游项目、商业业务性质的旅游项目、依据体育运动类型的旅游项目，而在这些繁多的旅游之中，体育旅游被旅游者所喜爱，特别是对当代年轻人而言，他们对待体育旅游越来越青睐，经过参加体育旅游项目，不但可以达到休闲的目的，还能强身健体。但在我国社会与经济都得到了迅速进展的时期，也可以逐步让我国体育旅游事业取得转行升级。然而，带来发展的可能性的同时，也会面临着各种各样的困境。

综上所述，对于体育旅游产业资源开发研究，专家、学者站在不同角度对体育旅游产业资源开发进行了论述。对体育旅游产业资源开发研究的部分层面持有统一意见。大多学者认为，政府缺乏规划、有关政策相对滞后。且我国部分地区，由于所处的地理环境、自然条件不同，体育旅游产业资源的发展程度也有所区别，但相同的受制因素为政府、管理等方面。因此，在体育旅游产业资源开发方面，各地区政府应加强有关规划，协调优秀资源，使体育旅游能够得到更高效的发展。

2. 体育旅游资源开发研究现状

体育旅游资源的开发是体育旅游业发展的重要前提，也是能否吸引人们参与体育旅游的重要前提。体育旅游产品是专门针对旅游者开发的，换言之，旅游者是旅游产品的主要购买对象，是体育旅游市场中不可或缺的重要元素。目前，我国人民的生活水准已经有了极大提高，生活的富足使人们开始将消费的目光投入到体育旅游中。体育旅游消费水平因之水涨船高，体育旅游产品的设计与资源的开发已经成为社会的迫切需要，同时成为研究者关注的热点。河南科技大学体育系主任赵承磊对我国城市体育旅游资源与产品进行了理论与实证的研究，提出城市体育旅游不仅能够吸引大批旅游者纷至沓来，有效提高城市的活力；而且能拉动消费，刺激城市的经济发展。从广义、中义、狭义三个方面来解释城市体育旅游，并对城市体育旅游的发展提出了有效的建议。曹扬、王志明等人对体育旅游资源的特征进行分析与研究，指出体育旅游的特征表现为体育特征、自然特征、社会性特征、经济特征。具体来说，如今的体育旅游具有一定的休闲娱乐和健身性、较强的体验性、专业技能性、民族性与地域性，同时具有一定的风险性。沈阳体育学院教师姜亚含以大连市为例，研究了全域旅游视角下当地体育旅游产品开发设计的有力措施，并总结出经验：不同年龄阶段的旅游者在对旅游产品的评价上具有显著性差异，提出体育旅游产品的设计应具有多样性的特点，针对不同年龄段的消费者来开发满足其喜好的产品。

3. 体育旅游安全管理研究现状

在旅游者的旅游过程中，安全问题不容小觑，需要引起格外重视。就体育旅游来说，安全问题包括：旅游者的安全思想和意识问题，以及体育旅游活动过程中的安全事件。在体育旅游中，尤其是体育赛事旅游是一项具有危险性的活动。在体育旅游过程中，安全事故频频发生，这无疑增加了消费者的顾虑。安全因素成为掣肘体育旅游持续健康发展的主要因素之一，体育旅游中的安全与风险被越来越的研究者所重视。湖南大学教师李锦在对体育旅游安全的研究中，从现状、制约因素、管理策略三个方面入手，探究当前体育旅游中安全问题的不足及主要的制约因素，为体育旅游的良性发展提供了有力的依据。学者吴俊杰以贵州省内多项体育赛事为例，对体育赛事旅游的消费者对于体育旅游中安全风险较大的体育赛事旅游安全的认知和满意度进行了研究。结果发现，有高达 60.8% 的人不了解体育赛事旅游本质内涵，职业和年龄是影响人们认知差异性的主要因素，41—50 岁年龄段的人群更加关注安全问题，还对体育赛事中如何提高安全性与消费者满意度的提高提供了有力的建议。学者冯魏全、孙延旭、刘凤香等人都对体育旅游安全体系进行了研究，对我国体育旅游安全保障体系结构进行研究，结果发现我国体育旅游安全体系的构建迫在眉睫，需要社会、政府、企业、体育、消防等各界组织和群众的共同努力，并为体育旅游安全体系的构建提供了科学的依据与建议。

4. 体育旅游的地域性研究现状

我国体育旅游显现出明显的地域性特征，表现为以东北地区为主的冰雪体育旅游、以少数民族地区为主的民族体育旅游、以沿海地区为主的海洋体育旅游等方面。体育旅游产业与地区软实力之间存在相关关系，体育旅游产业的发展对当地的基础设施、凝聚力、文化等方面的发展具有显著的促进作用，同时能够提供多种形式、手段、渠道来提升影响力，但在一定程度上对当地传统项目及环境带来了负面影响。

湖南科技大学体育学院教师肖文娟指出：湖南发展体育旅游应与自身拥有的特色和优势相结合，打造与自身优势相结合的明显特征确保与体育旅游紧密联合在一起。打造属于湖南湘湖文化的独特魅力。山东英才学院公共体育教学部教师孙传伟在研究中提出：山东省培育体育旅游产业时，要加强对现有体育旅游项目的整顿，设定体育旅游的方向，重点开发体育旅游项目。在体育部门的发展中，应该通过当今的发展成果整合体育旅游，从而加强体育的发展。提高对高难度体育旅游项目的重视度。以此才能够将体育产业、旅游产业更加高效地相融合，才可以带来更大的效益。

中国科学院广州地理研究所的陈升忠等人就潮州市的海洋物资的类别及特征进行了具体的解析,对体育旅游开展的条件与目前状况进一步认识,提议应当依据旅游业的进展情况,归纳实质,持续检验与概括,及时对开展策划实行固定的修改与编辑,在开展对应的繁杂产品的进程中,应该侧重开展拥有娱乐性质的、显著特点的、可供游客参与的项目。

钦州学院体育学院教师黄东教提出,广西因其所在地点比较特别,在体育旅游进展中起着首要的效用,同样也需承担很大的责任。而对于滨海体育旅游而言,在广西的旅游业当中所占位置尤其重要,因此这一因素让体育旅游产业获得了迅速的进展。尽管使当地滨海体育旅游产业进展提升获取了前所未闻的机会,但是也将面对许多挑战。

综上所述,对于体育旅游地域性研究,专家、学者站在不同角度对体育旅游地域性进行了论述。从各地区的实际出发,根据各地区不同的文化、特色、地形、环境、气候等条件,进行了实质分析,均得出了适合本地体育旅游的发展和策划方案。

5.体育旅游业的影响研究现状

华侨大学体育学院教师胡明洋探究了观看体育赛事旅游者的具体意向与影响因素,指出以观看比赛为目的的体育旅游者,影响其的主要因素为群体分类与个体意向之间的联系。男性与女性体育旅游者在知识获取及团队认同动机方面具有明显差异,且与年龄及职业状态因素无关。根据分析结果得出应加强体育赛事旅游的顶层设计,满足不同因素需求,提高群众参与积极性。合理推动由体育赛事主导的体育旅游活动,激活多样化赛事的潜力。

哈尔滨师范大学体育科学学院教师高俊、陈洪坐、井续龙等人以"冰雪体育项目+旅游"为背景,以冰雪体育项目与自媒体传播场所及要素之间的联系为主线,探究在集群作用的影响下参与冰雪项目的体育旅游者心理,进一步强化参与冰雪体育旅游用户的认知,吸引参与人次,利用自媒体传播信息,增加体育旅游者需求,推动体育旅游消费再滚动。

曲阜师范大学体育科学学院教师姜付高、曹莉对照体育旅游空间建构原理,将体育赛事与城市景观二者融合,以此发现,体育旅游经济发展与体育旅游空间结构相对应,大力促进体育旅游项目发展,可在短期内提升城市流量资源占有率,提升城市影响力及城市空间功能,对城市发展具有积极作用。

综上所述,对于体育旅游业的影响研究,专家学者站在不同角度对体育旅游业的影响进行了论述。有的是关于大型赛事对体育旅游的影响,有的是自媒体与体育旅游的交叉影响。总而言之，对于体育旅游业影响的研究，有助于使我们认识到体育旅游业与我们生活的紧密性，我们应以开阔的视野去审视体育旅游，提高对其的关注度。

6.体育旅游消费群体研究现状

赣南师范学院体育学院教师赵金岭针对高端旅游群体的性别、年龄、受教育程度等进行理论分析，得出结论：体育旅游所具有的体育收入群体由于对提高生活品质的诉求较高，所以成为高端体育旅游产品的消费主体。他提出：在进行高端体育旅游产品包装设计时，应兼顾不同消费群体的整体状况，充分设计能够突出体育旅游特点的产品以促进高端体育旅游的进一步发展。南京审计大学体育部教师张辉与王小艳等人解析了南京市紫金山风景区地域内体育旅游进展相关的探究所获取的成就，根据体育旅游角度商讨了紫金山景区体育旅游开展进程中本地居民参加状况，并且归纳当前时段社区居民参加状况，指出了应该依靠创立多元化的居民参加形式、深化体育旅游传播、提高居民义务感、完善居民参加体育旅游开展中的利润保证机制等战略，使居民可以以饱和的激情参加到体育旅游的扩展当中。并且经过比较与解析，源于体育旅游基线，对紫金山景区的体育旅游物资开展了检查，以此发现在开发过程中存在的各种各样的困难，同时明确了紫金山景区实施体育旅游发展的综合性方向，制定出了关于体育旅游项目的具体规则，还出台了一些具有针对性的方案。

综上所述，对于体育旅游消费群体研究，专家、学者站在不同角度对体育旅游消费群体进行了论述。不同研究者对消费群体的种类、消费群体的需求以及消费群体的心理等方面进行了研究。在多方面的研究内容中，增加了体育旅游的可塑性。为今后的体育旅游项目开发及研究提供了更多的借鉴和思路。

第三节　我国体育旅游存在的问题

一、体育旅游消费供给空间受限

（一）辐射能力较弱

供给体系点状分布多，辐射能力弱。供给表现为点状分布较多，目前较为完备的体育旅游消费供给体系主要以省城为极点，主要以竞技体育赛事、体育文化娱乐体育培训为主要形式形成体育旅游聚集体，发挥了省会中心城市的核心辐射作用；如黄山市皖南国际文化旅游示范区，依据独特的自然和人文资源，以体育休闲观光、大众体育赛事、体育涉险探奇体验、体育康养健身等为社会提供消费服务。

体育旅游消费供给点状分布,供给点虽然数量多,但规模小,不能很好催化周围体育旅游消费供给关联体;缺乏经济与非经济因素的流动与传播,相邻区域的体育旅游难以发挥同频共振效应,较难实现优势互补与协同发展,从整体上抑制了体育旅游经济空间的扩展。

(二)空间拓展缓慢

体育旅游消费市场空间拓展缓慢,当前实施互联互通、文化融合、品牌合作、资源共享是体育旅游消费供给发服的必由之路,部分城市沿江近海、融南汇北、连南接北,地理区位优势明显,但在全国体育旅游发展格局中未能充分发挥好区位优势,体育旅游供给缺乏同外部区域融合。例如,在推进同中国山岳旅游联盟、中国长江旅游推广联盟、鄂豫皖大别山红色旅游区、中原历史文化旅游区等区域的合作中行动迟缓;同样,体育旅游供给融入还不够深入,缺乏上下游产业链的有效嵌入,未能较高质量融入长三角区域一体化发展进程之中。另外,在崛起进程中,也缺乏同中部省份达成体育旅游消费供给的顶层设计和统筹谋划。

二、体育旅游消费供需矛盾凸显

(一)产品供给结构不合理

现阶段体育旅游产品种类不够丰富,供给结构不合理,主要以体育休闲类为主,而培训类、康养类和竞技类的体育旅游产品较少。现有的民俗体育旅游项目,呈现出传统体育旅游产品过剩,新型体育旅游产品供不应求的局面,民俗体育旅游产品大多停留在传统项目的表演层面,形式与内容陈旧,缺乏新意。例如,水域资源丰富,有长江、淮河、新安江、巢湖等大江大河,但大型水库等水上体育旅游项目开发还处于较低阶段,剖析其原因,发现体育旅游产品供给存在问题,例如,缺乏对各类消费人群深入细化区分,在体育消费人群的年龄。职业阶层和区域需求上没有区别对待,对新资源的开发和利用率较低,体育旅游产品的 IP 创新不足。

(二)产品供给时段的失衡

体育旅游产品季节性供应失衡,春夏季节体育旅游产品较多,秋冬季体育旅游产品较少,例如,合肥马拉松、黟县国际山地车节、环巢湖自行车公开赛等赛事基本上在春季举办。随着 2022 年冬奥会的举办，民众的冰雪体育旅游消费需求会出现井喷局面，但仅在岳西县和潜山市各有一个小型滑雪场，制约了民众的冰雪运动消费需求，节假日期间体育旅游产品供应较多，但假期过后立即出现歇业停滞状态，这对于体育旅游资源的利用是一个极大浪费。随着带薪休假制和弹性工作日的实施，民众休闲时间增长，非假日体育旅游消费越来越成为一个巨大需求。秋冬两季和节假日体育旅游供给的失衡，直接抑制体育消费需求，阻滞了产业循环，降低了老百姓对美好生活的满足感，因此，体育旅游消费供应迫切需要完善并推进"全时城"覆盖的时空布局。

（三）产品供给的品质不高

目前，体育旅游产业还处于初级发展阶段，体育旅游产品过分依赖自然资源，供给端低质化普遍存在。体育旅游产品开发缺乏同地域文化的深度融合，例如，如同徽文化、皖江文化、大别山红色文化、淮河文化、皖北老庄文化等人文要素结合；体育旅游产品供给还停滞在对产品主题的表面开发，缺乏与体育元素相结合，需要进行文化主题再创新。体育旅游产品同质化现象明显，特色化、差异化、定制化和创意化的体育旅游产品短缺，"动态"参与性、健身性、娱乐性，教育性产品供应短缺，供需矛盾明显。

三、体育旅游消费供给缺乏有效支撑

（一）社会组织和资本参与不足

体育旅游资源丰富，由于专业体育旅行社的缺乏，较大规模的体育旅游活动往往不得不依托于地方政府号召或组织，缺乏社会自发力量的投入，致使其现有的或可能有望形成的体育旅游市场份额没有得到有效开发。循环渠道不畅使得社会资金难以进入。制度性交易成本过高，导致社会组织介入度低，社会资本犹豫不决，这些将会从整体上导致体育旅游消费供给在社会资本参与度上受到限制，不能有效发挥社会资本的积极作用。

（二）体育旅游专业人才供应不足

体育旅游产业发展需要一定数量的复合型体育旅游专业人才。目前体育旅游市场从业人员较多为旅游专业毕业生，他们没有经过体育项目运营管理的专业培养，缺乏体育旅游项目的规划、开发经营、管理等方面的综合专业素养，较难适应体育旅游行业工作的需求。

（三）相应法规和行业标准保障不足

体育旅游消费的有效供应需要强有力的法律法规保障和行业标准规范。体育旅游产业一直实行政府、企业、个人、外资、合资共同建构、共同发展的方式，但由于缺乏明确的责任管理主体，权责和产权模糊，相关部门的职能范围只包括旅行社的业务，而通过体育旅游产业衍生出的其他产业则分属其他部门管理，一定程度上带来了分权管理机制和复杂的经营关系等诸多弊端。另外，体育旅游行业标准和规范不完善，体育旅游市场违规现象屡见不鲜。面对新的经济形势和发展环境，迫切要求在新形势下出台相关地方法律法规和体育旅游行业标准，解决发展中出现的问题，规范体育旅游消费市场。

四、体育旅游消费供给生态保护不够

体育旅游消费的蓬勃发展，在给本地区带来丰厚经济收益的同时也对当地生态环境产生了深远影响，通过文献和相关社会调查发现，体育旅游消费供给在生态保护方面存在诸多不足。

（一）生态体育消费意识薄弱

生态体育消费是国际经济生态化趋势在体育旅游消费发展领域内的突出反映，是"绿色消费"观念的进一步延伸与发展。当前，中国的发展面临着资源约束趋紧环境污染严重、生态系统退化的严峻形势，要破解该瓶颈，就要实现工业文明向生态文明的转变，实现人与自然的和谐相处。然而大部分省份存在相同情况，体育旅游消费也暴露出了生态环境保护问题，由于受到文明素质、区域环境、经济状况、社会习俗等多重因素影响，在新时代社会文明进程中，人们的生态保护意识还未达到广泛共识，绿色消费理念未能实现普及，整体表现为生态体育旅游消费意识薄弱。

（二）生态破坏现象时有发生

体育旅游消费在供给过程中，经历了只顾及经济利益而忽视生态保护的发展时期，致使体育旅游对地质、地貌、水资源的污染和破坏时有发生。例如，黄山的莲花峰和天都峰由于登山行为影响，都要定期交替进行生态恢复；在长江和巢湖，游艇和水上运动的无序开发和经营，造成江湖水体环境的严重破坏。

体育旅游消费是把双刃剑，处理不好人与自然的和谐关系，不仅不能促进体育旅游消费的长远发展，反而还会影响其发展。体育旅游中人与自然、社会和谐发展的实现，需要顶层设计、科学规划，系统推进技术创新、产业开发、法律保护的三位一体建设。

第四节　我国体育旅游的发展趋势

一、深化产业融合与拓展产业空间

（一）加快深度融合

加快深度融合，培育体育旅游消费新业态。体育产业与旅游产业通过产业价值链的相互渗透，经过技术、业务和市场的三者融合逐步发展成一种兼具体育和旅游业特性的新型服务业态，拓展体育旅游消费供给空间，要以体育运动为主线，将赛事、休闲、演艺、商展、娱乐、培训等相关活动有机融合，为体育插上旅游的"翅膀"；辐射范围广、产业链条长等优势，发挥体育旅游与相关产业在空间上的集聚、融合、催化作用，实现体育产业链条与体育旅游发展融合企业化。提高大众创业、万众创新水平；促进新技术、新组织形式、新市场、新产业集群的形成和发展，从而更好地解决体育旅游消费供给结构性矛盾问题。

（二）拓展空间布局

拓展空间布局，构建体育旅游复合型产业结构。具有创新活跃强劲、制造特色鲜明、生态资源良好、内陆腹地广阔的发展优势，拓展体育旅游产业空间。将有力促进体育旅游消费供给的空间布局。

①拓展体育旅游产业地理空间布局，体育旅游消费供给必须打破区域行政壁垒，打通省内和省外循环通道；对接国际市场，加强在"一带一路"中的区域协同与合作；积极参与国内分工，特别是参与长三角体育旅游消费供给，积极开拓国内市场。同时，应具有更开阔的国际视野，以"一带一路"为引领，开拓国际空间，积极参与国际分工，融入体育旅游消费国际化空间布局。

②扩展体育旅游同其他产业结合空间。体育旅游消费需要构建体育渔业旅游、体育农业旅游.体育医疗旅游、体育工业旅游、体育创意旅游、体育康复旅游等复合型产业链结构，为产业发展提供体育旅游的"引擎"，实现体育旅游产业空间内容的扩展，进一步平衡体育旅游消费供给的空间不平衡的矛盾。

（三）创新产品营销

创新产品营销，推动体育旅游营销体系的转变提高体育旅游产品的市场竞争力，就要树立体育旅游发展的区域联盟战略，构建优势互补、共同发展的局面。体育旅游产品的开发要考虑市场的主导性作用，凸显地方特色和产品特色，增强对客源市场的吸引力，体育旅游产品进入市场后，由于缺乏知名度和美誉度，被消费者熟悉、认可是面临的首要问题，考虑到体育旅游产品的特质可以通过以下方式进行。

①通过政策营销加强体育旅游基础设施的建设与供给，推动群众性体育旅游的快速发展；鼓励各类社会资本投资体育旅游产业，培育更多的体育旅游产业消费热点。

②培育体育旅游消费需求，进行多渠道全方位营销通过媒体营销发挥体育旅游的图式启动效应，采用滚动式、不间断的投放使消费者形成一种肯定的态度定势。

③体育旅游企业可以利用"明星效应"或"从众效应"进行营销，促进新型体育旅游产品的成长和市场份额的提高。

（四）重视品牌培育

重视品牌培育，打造特色体育旅游项目从产品竞争到品牌竞争是产业发展的一条必经之路，虽然目前体育旅游取得了一定程度的发展，但是体育旅游项目的品牌知名度和美誉度亟待提高。

①树立品牌意识，打造品牌文化，重视品牌培育，增强消费者情感上的价值认同，对促进体育旅游的发展意义重大，要依托特色体育旅游资源，把精品项目做大做强。

②建立体育旅游基地。比如洛阳是河南省体育旅游资源最丰富、最集中的地区，有四个 5A 级国家级风景名胜区和多处寺庙、石窟、文物，其自然风光和人文景观在国内外都具有较大的影响力，通过开发洛阳体育旅游资源，进一步打造体育旅游品牌。

③提高品牌体育旅游赛事的影响力。把它们进一步做大做强，吸引省内外、海内外体育旅游消费者的目光。在此基础上，进一步加大凸显中原文化、新颖独特的体育旅游赛事的开发力度，不断培植创新，扩展体育旅游消费。

（五）推进产业融合

推进产业融合，促进体育旅游与其他产业间的深度融合产业融合是产业发展的必然趋势。体育旅游是体育产业与旅游产业的融合，体育旅游的大力发展，需要更多的产业关注参与这个行业，多产业融合是产业发展的必由之路，促进体育、旅游、文化、科技、医疗、教育等产业的深度融合势在必行。产业融合仍处于初级阶段，产业要素间的交叉渗透程度比较浅，产业组成要素的结构性变动、产业重组创新仍有很多薄弱环节。比如，很多地区的体育与旅游的融合就是在景区内简单设置体育项目或体育民俗项目,像舞龙舞狮、健身秧歌、象棋、空竹、毽球、风筝等。这类项目融合程度浅,产业链条短,市场受众群体有限,业态裂变不易进行。所以,大力推进河南省体育、旅游及与其他产业的深度融合发展,需要从产品、企业、市场等方面多处发力。

①推动产品融合。产品融合是产业融合的标志,是产业融合的初级阶段,推动形成有吸引力的融合产品,迎合市场需求,提升进一步发展的机会。

②鼓励企业融合。依托资源、技术、市场、产业影响力等优势,鼓励企业之间进行合作乃至融合,形成企业独特的竞争力,带来共同发展。

③促进市场融合,产业间的融合是市场选择的结果,市场融合后可以根据需求的变化推动产业间融合在空间范围上向纵深处发展。市场融合带来了市场共享,促进了市场扩容。

二、顺应消费升级与推动高质量发展

(一) 深化资源配置和开发

深化资源配置和开发,提供多样性体育旅游消费产品,职业岗位和人口结构的多样性,决定了人民对于体育旅游消费需求形式的多样性。从宏观领域看,当前体育旅游消费差异化趋势明显,传统体育旅游在内容、功能、模式和时间上都难以满足多样性人口结构的需求,要满足人民群众日益增长的体育旅游多元消费需求,必须丰富供给,提供多样性和针对性的体育旅游产品。体育旅游资源丰富,不但有优美丰富的自然地理资源,也有悠久厚重的人文资源。通过"供给侧改革"来实现体育资源的最优化配置,优化产业结构。提升市场在资源配置中的能动性,激活体育旅游资源主体活力,为不同群体提供区别性体育旅游消费内容和形式,可以有效解决体育旅游消费的多元化需求问题。

(二) 加强产品文化创新

推动高质量的体育旅游消费供给进入新时代,我国居民消费需求已经从数量型转向质量型,对产品和服务质量要求越来越高,相应地,对体育旅游消费市场在高质量、品牌影响力强的消费产品供给方面提出了需求。产业升级是消费升级的先决条件,提升体育旅游业产业链水平,通过科技创新,不断提高全要素生产率,推动消费升级,才能解决好高质量体育旅游消费产品供给问题。

体育旅游消费高质量发展应从加强体育旅游产品的文化创新入手,让独具特色的红色文化、宗教文化、曲艺文化、诗歌文化等内在文化基因发挥作用,使体育旅游消费从身心体验——健康促进——价值体现中得到文化要素熏陶,构建不断发展的螺旋上升的体育旅游消费价值理念。就手段而言，有关部门应积极打造具有自主知识产权和地域特色的品牌赛事，不断提升产品的品牌价值，使文化影响力产生更大社会效应；持续促进文化价值汇聚更深的社会吸引力，逐渐完善市场供应体系，实现文化主旨贯穿全产业链。

三、推进体制创新与完善供给支撑

创新是体育旅游产业运行的动力源泉，是体育旅游产业发展的内在驱动，是增强体育旅游产业竞争力的关键。体育旅游产业创新受到市场需求、信息化、政策变革等多种因素影响，是一种对原有产业结构的创造性革新过程。创新使得体育产业与旅游产业之间的界限逐渐模糊，从而促使两大产业的深度融合，最终形成体育旅游产业。体育旅游产业创新能够满足消费者个性化需求，实现产品多样化以及营销模式新颖化，有利于增强体育旅游产业的发展活力，有利于提高相关企业对先进技术的消化能力和吸收能力，有利于逐步形成体育旅游企业的自主创新能力。体育旅游产业运行的动力机制表现在创新管理、创新层次、创新演化等多个方面。

（一）消除供给机制发展障碍

消除供给机制发展障碍，促进体育旅游消费供给的全社会参与。具体而言，相关部门应推进政、产、学深度合作体系建设，建立政府、企业、高校共同参与、深层次合作的体育旅游产业共建机制，加快促进体育旅游智库建设；推动设立体育旅游投资论坛，交流发展经验、搭建引资平台、吸引社会资本；建立健全相关法律法规的产权保障制度，促进资本在体育旅游产业市场的自由流通。

体育旅游需要做好对外和对内两方面的工作。在对外交往中，需要体育部门与旅游部门共同牵头，与国外的相关部门进行沟通交流，打造良好的体育旅游合作平台，构建政府宏观调控的政策和制度保障，建立体育旅游国际交流与合作机制。

在内部发展中，很多地区的产业管理内外部改革依然存在滞后性和不彻底性，严重阻碍了体育旅游市场的流通及体育旅游资源进行交叉、渗透和重组的机会与程度，这就要求政府必须做好政策的引导和制度的完善，放宽行业限制，破除行业壁垒，为体育旅游发展提供宽松的宏观环境，促进配套支撑政策如土地政策、金融政策、建设政策等进一步完善、落地。

①建立跨界协调机制，成立"一带一路"体育旅游领导机构，打破体育产业和旅游产业各自为政的局面，意在解决各主体成员之间由于资源配置、利益

相悖或不均而产生的矛盾，做好行业管理、政策制定、发展协调、舆论宣传等方面的工作。

②做好体育旅游发展的长远战略规划，引导体育旅游的生产经营活动，鼓励更多的人才、资金、基础性研究等相关需求要素流入这个行业。培育一批大型体育旅游企业集团，降低经营风险和经营成本，实现协同效应，发挥示范效应。

（二）加快体育产业人才培养

加快产业人才培养，提供体育旅游产业人力资源支撑。在体育旅游专业人才培养方面，应依托高校建设体育旅游人才培养基地，重点支持有关高校开设体育旅游专业，培养体育旅游教育的复合型职业人才；成立体育旅游相关的社会组织，联合知名企业合作办学，定向培养体育旅游专业技术骨干人才；建立"学校＋企业＋政府"开放式体育旅游人才培养体系，形成"产学研政一体化"体育旅游人才培养新模式，同时，还应加强体育旅游人才国际化建设，构筑体育旅游人才国际交流平台，参与国际学术交流与合作，提高体育旅游人才国际交流合作能力；建立多层次、多类型的体育旅游人才培训体系，提升体育旅游服务技能型人才职业素质和职业技能。

人才是实现成本最低化、利益最大化的基础，要想培养人才应从以下方面着手。

①高校做好专业型、复合型人才的培养。结合市场需求和学校优势设置相关专业（如体育旅游、休闲与运动研究、休闲运动与旅游等），开设体育旅游、运动休闲、攀岩登山、体育政策与规划、体育运动金融管理、体育运动市场营销等课程，这种全方位多层次的专业和课程设置相对比较全面、层次丰富，为体育旅游的人才培养提供了很好的保障。制定差异化的人才培养目标，明确培养定位，注重专业的实践性。

②积极开展在职人员的系统培训，通过岗位锻炼、脱产培训等方式不断提高其理论水平和实践能力。

（三）提升新技术的支撑水平

加速智能化发展，提升体育旅游消费新技术支撑水平，当前数据技术发展日新月异，安徽体育旅游消费供给离不开快速发展的数据新技术，应以大数据为支撑，积极推进"体育旅游＋互联网"工程，营造智慧体育旅游环境，构筑智慧体育旅游平台，在体育旅游消费供给的全过程中，始终保持数据循环通畅，使体育旅游产品再生产得到保障，从而促进供给体系不断完善，供给能力不断增强，提升体育旅游消费中人工智能的应用创新，提高消费者消费体验，推动体育旅游消费供给基础环境建设，重视移动互联网、物联网、云计算、地理信息系统、虚拟现实、高速通信技术等新技术在体育旅游中的应用，实现体育旅游消费的数据智能化。

四、加强生态保护与实现可持续发展

体育在新时代发展背景下，依据供给侧改革能有效促进体育旅游消费健康绿色发展。体育旅游生态保护，就是要树立科学发展观，要运用现代环境科学理论和方法，采取行政、法律、经济、科学技术等多方面措施，合理开发利用自然、人文资源，防止对生态环境的破坏，达到经济效益、社会效益、生态效益同步提升，进而更好解决体育旅游消费供给的本质问题。

体育旅游是一个关联度高、带动性强、就业容量大、投入产出效益高的新兴业态。体育旅游消费供给侧改革就是要提高体育旅游商品生产端供给质量和效率，增强体育旅游产业链的创新力、供应力和链接力。促进体育旅游消费供给侧改革，对于体育旅游产业的健康发展具有重要意义。一是有利于体育旅游发展为新的经济增长点，拉动和扩大内需，促进经济结构优化，转变经济发展方式；二是有利于促进消费升级，更好地满足人民日益增长的体育旅游消费多元化需求；三是有利于提升体育旅游资源开发与利用效益，改变供给效能，激发内生动力不断增长、内需潜力不断释放，促进体育旅游经济高质量发展；四是有利于产业价值的指数效应，创造出体育旅游产业广泛的社会经济、文化和生态价值。

五、推进体育旅游主体的需求与消费

（一）体育旅游主体

从小众参与到大众共享，随着旅游需求与消费不断转换升级，我国体育旅游需求开始呈现高倍增长的态势。数据统计显示：2018 年，我国体育旅游行业市场规模达到 2605 亿元。这意味着原来只有少数人参与的体育旅游开始走出"圈子"，受到越来越多人的喜爱，"在路上"成为人们生活的一种全新方式。

我国体育旅游在发展之初，因受到经济、社会等因素的限制，如高尔夫、潜水、户外探险等体育旅游项目只有少数人参加，被认为是高端游、小众游；而现在，随着国民消费水平的提高，诸如此类的体育旅游项目开始进入"大众消费时代"，成为大众都能参与的体育旅游项目。以滑雪为例，原来滑雪更多的是高消费、小众化旅游的代表，而现在随着滑雪场地的增多，且更具标准化，滑雪旅游开始成为更多人的选择，每年亚布力、长白山等滑雪场都迎来成千上

万的游客，带动数以亿计的消费。而且随着漂流、徒步、骑行、马拉松、冲浪等户外运动越来越普及，已经逐步实现商业化，越来越多的人开始选择体育旅游这种出游方式。可见，体育旅游已经从曾经遥不可及的小众参与，开始逐渐演变成为大众生活方式中的一部分，而且，这种情况还会不断持续发展，体育旅游实现从小众参与到大众共享的时代即将实现，也必然会实现。

（二）体育旅游行为

从观赏型向深度体验型演进。从目前我国体育旅游的发展情况来看，观赏型体育旅游仍占据一定的比重，这其中包括参观体育历史遗产（如奥运场馆、体育博物馆等）、观看各类体育赛事（如F1上海站、中超联赛、女排大奖赛等）等，然而随着我国国民体育旅游需求的提高，尤其是群众体育赛事举办的增多，这类观赏型的体育旅游模式正在逐渐发生改变。

群众性体育赛事的如火如荼，激发了大众的参与欲望，越来越多的人开始从观看赛事转变成参与赛事，进而形成规律，甚至演变成习惯，有网友说："过去，旅游以吃喝玩为主。如今，出游参加体育比赛，不仅欣赏了美景，还锻炼了身体、结交了朋友。"与此同时，也有越来越多的旅游者开始不满足于简单的观赏游、观赛游，他们越来越倾向于参与其中，追求极致体验，以感受体育项目或活动带来的乐趣。有些旅游者更是为了深度感受、体验旅游的过程，持续数日甚至数月进行徒步或是骑行。于是，徒步、骑行、登山、户外探险、滑雪等新颖的、特色的、惊险刺激的体育旅游项目就越来越成为潮流。这种行为方式的改变，也带动着体育旅游行为发生转变，深度体验型的体育旅游行为将逐渐成为趋势，引领体育旅游产业走向更高的发展。

（三）体育旅游活动

从低风险向高风险迁移，目前，我国的户外活动项目占整个体育旅游市场的71%，此外是体育观赛占比达14%，其中徒步、马拉松、登山、骑行等低门槛和低风险的体育旅游项目受众较广，且年龄分布各异。在这些低风险的体育旅游活动中，因为活动的难度和强度都较小，而且安全系数较高，因此，大多数人在初次选择体育旅游活动时，更倾向于选择低风险的旅游项目。但是，随着我国体育旅游需求的增加，越来越多的旅游者开始倾向于选择如100公里户外越野跑、洞穴探险、溪降、瀑降、水上运动、低空飞行、翼装飞行等更具挑战性、刺激性的体育旅游项目，因而，高风险体育旅游项目正受到越来越多年轻体育旅游者的喜爱，从而使得我国高风险体育旅游项目在类型和受众上都表现出一定的数量规模。

61

低风险类的体育旅游项目更倾向于休闲型，发生风险的概率不高，即使有风险发生，也不会产生严重的后果或造成严重损失。高风险类的体育旅游项目则是刺激性的运动，发生事故概率高，且一旦发生事故，可能会威胁体育旅游者的人身安全，产生严重后果。在此背景下，高风险类别的体育旅游活动正在以超预期的速度走出小众消费领域，开始成为越来越多年轻旅游者首选出行的体育旅游活动。在未来，它在成为主流体育旅游活动的同时，也将改变体育旅游的风险程度与产业格局。

（四）体育旅游空间

从单一化向多元化拓展。我国体育旅游发展之初，更多的是以体育赛事游和一定数量的户外活动游为主，户外活动主要包括登山、骑行、徒步，再者如漂流、摩托艇等，也就是一定的陆上项目和少量的水上项目相结合的体育旅游活动。如果从体育旅游活动空间的维度进行考量，会发现，空间是被限定在一定区域内的，只有少数的区域能够进行或从事体育旅游活动，而且主要是以陆地空间和水上空间为依托，空间不仅呈现出单一化，而且具有一定的局限性，急需进一步开发和拓展近几年，随着我国国民体育旅游需求的持续增长，越来越多的人把自己的运动爱好融入旅行中，于是，各种各样的体育旅游活动开始在我国得到普及与推广，从而催生了我国庞大的体育旅游市场。尤其像诸如运动休闲特色小镇、体育主题公园、体育赛事经典线路以及海洋体育旅游等的建设与开发，我国体育旅游目的地不断增多。

第三章　体育旅游资源的挖掘与开发

在体育旅游资源的开发、利用、保护过程中，需要全面协调好基础设施建设，服务配套设施建设，自然资源的开发、保护与利用等各个环节，一定要有相关的制度、法律、法规的约束与监督，确保生态化的体育旅游建设。本章分为体育旅游资源的含义、体育旅游资源的分布情况、体育旅游资源的开发与利用、湖南体育旅游资源的开发策略四部分。主要内容包括旅游资源的概念、体育旅游资源的概念、体育旅游资源的特征、体育旅游资源分类体系的构建、西部体育旅游资源等方面。

第一节　体育旅游资源的含义

一、旅游资源的概念

旅游地理学中，旅游资源被定义为"通过适当的开发、管理能够成为旅游产品的自然风景、人文景观"。《旅游资源分类、调查与评价》（GB/T 18972—2003）中将旅游资源定义为："自然界和人类社会凡能对旅游者产生吸引力，可以为旅业业开发利用，并可产生经济、社会和环境效益的各种事物和因素。"

二、体育旅游资源的概念

作为一种新兴的旅游形式，国内外学者主要从两个角度阐释体育旅游。第一，从旅游者的角度，认为游客进行体育旅游的形式是参与或观看体育活动，目的是满足健康娱乐、旅游休闲的需求。第二，从旅游产业的角度，认为体育旅游是体育与旅游深度融合而形成的业态形式，是向人们提供体育旅游产品和服务的相关经营活动，涉及体育运动参与、体育赛事观赏、体育设施设备建设等内容。

从狭义上看，体育旅游资源是具有体育特色的旅游吸引物。体育旅游资源是旅游资源下属的一个类别，将其独具特色的参与性、观赏性、健身性和娱乐性注入旅游业发展中，是对旅游资源的扩展与延伸。从广义上看，凡是可供开发成为体育旅游产品的各种客观要素就是体育旅游资源。体育旅游产品是供游客参与或观看的各类体育旅游活动，体育旅游资源则是体育旅游活动得以开展的必要条件。

三、体育旅游资源的特征

（一）观赏性与参与性

1. 观赏性

观赏性指的是很多的体育旅游资源所具备的观赏性和视觉吸引力，不同于传统意义上对人文类景观的游览，更是对以体育运动项目为基调的资源的欣赏与体验。在体育发展较早的欧美，将一些重大的体育赛事作为体育旅游资源进行开发整合已取得了较好的经济效果，受到越来越多人的重视。在我国，通过体育赛事的举办吸引观赛人群而形成的体育旅游活动已小有规模，并且有良好的发展态势。另外，体育实体景观资源（体育博物馆、著名体育建筑等）的开发利用应得到足够的重视。

2. 参与性

参与性是通过资源的开发利用形成体育旅游活动，强调游客在旅游中通过参与体育运动，感受体育运动魅力。这一特征将其与一般的传统旅游项目有所区分，并将资源重复降到最低限度。

（二）健身性与可重复使用性

1. 健身性

健身性是参与体育运动所能带来的固有本质属性，是指以体育旅游资源为物质基础开展体育旅游活动给体育旅游人群带来强身健体的效果。经济飞速发展的同时带来了生活节奏的加快和生活压力的增加，通过休闲、健身等方式来调节身心健康已成为人们的共识。通过对体育旅游资源的开发利用，形成游客主动参与的旅游吸引物，有助于促进参与人群的身心健康，有效预防现代"文明病"。

2. 可重复使用性

可重复使用性是指体育旅游人群可以多次或反复使用体育旅游资源，以达到强身健体的效果。尤其是人们会反复多次地使用一些空间距离较近的体育旅游资源，如一些体育场馆、体育公园的使用等。

（三）吸引性与多样性

1. 吸引性

体育旅游资源作为体育旅游的先决条件具有重要作用。众多体育爱好者与旅游者能否参加体育旅游活动，首要条件就取决于体育旅游资源吸引力的强弱。例如，奥运会、世界杯之所以能够让全世界球迷为之奔走、狂欢，主要应归结于其聚集了世界上最具吸引力的优质资源。

2. 多样性

体育旅游资源的存在形式，体现在多种项目组成。如骑马、射箭、滑雪、攀岩等多种形式并存。

（四）开放性与融合性

1. 开放性

随着科技的快速发展，人们对自然利用能力的不断加强，例如在我国的南方热带地区出现了大量的室内滑雪场。而且在现在的全球化时代，各种体育与旅游资源的快速流动，许多体育明星参与的明星赛也会成为一种体育旅游资源。

2. 融合性

体育旅游资源可以与文化、经济、社会以及生态等多种因素共同融合发展。因此其具有很强的融合性。

四、体育旅游资源分类体系的构建

（一）分类依据

以体育旅游资源的内涵与特征为基础，总结国标旅游资源分类体系中与体育旅游相关的资源类型以及借鉴其关于自然资源的分类结构，综合专家关于将体育运动项目与体育旅游资源充分融合的分类建议，主要以资源属性与运动项目开展条件相对接的方式对体育旅游资源进行归类。其中以国务院办公厅发布的《关于加快发展健身休闲产业的指导意见》（国办发〔016〕77号）为基准总结户外运动项目类别，从国家体育总局发布的《体育场所开放条件与技术要求 总则》（GB/T 34311—2017）中提取各类体育运动项目的开展条件和场地要求。

（二）分类原则

1. 系统性原则

体育旅游资源类型多样复杂，不是简单的几个要素或景象的资源个体，而是由各类资源个体在一定区域内组成的一个资源系统。要在整体上充分认识了解各类资源，最大限度地扩大体育旅游资源的外延。确保分类体系能包含所有类别的体育旅游资源，对不同区域的体育旅游资源调查都有效，使得最终建立的分类体系具有较强的适用性。

2. 一致性与差异性原则

对体育旅游资源分类时，要确保归为同一类的资源满足同样的划分标准，同时要确保被归为不同类别的资源符合的标准存在明显的差别。这就要求在分类时，准确把握各类资源的特性，将具有相同属性的资源归为一类，属性差异较大的归为不同类。

3. 可操作性原则

分类体系的建立要讲究实际操作中的可行性和实践性，能对现实中的各类体育旅游资源进行归类。可以为调查区域内的体育旅游资源体量提供理论框架支持，有利于掌握各类资源的现存情况，从而为体育旅游的发展指明方向。同时将分类与体育旅游资源评价、开发等后续工作充分结合，不同类别的体育旅游资源评价侧重点不同，可以开发的体育旅游产品类型也不同，通过分类可以为后续的研究提供有力支撑。

（三）分类体系的主要层次

1. 第一层次（2个主类）

依据体育旅游资源的含义与特征，以及游客参与体育旅游的方式不同，整体上分为参与型和观赏型2个主类。

2. 第二层次（6个亚类）

以资源空间分布为依据，将参与型体育旅游资源分为地文类、水域类、空域类；此外有都市类，包含一些属于但不仅限于水、陆、空类别的参与型资源，如体育公园、体育特色小镇等综合性资源。依据体育旅游的分类，结合资源适游时间及存在形态的不同，将观赏型体育旅游资源分为事件型和景观型体育旅游资源。

3. 第三层次（12 个基本类）

将资源属性与体育旅游活动开展条件相对接，将地文类资源分为山地类、平原丘陵类、特殊地貌类，将水域类资源分为河流湖泊类、海域类、冰雪类，将空域类分为空中资源类。从资源的稀缺性、旅游吸引力角度出发，都市类资源主要是指都市稀缺性资源。根据资源的性质、观赏资源的体验性不同，将事件型资源分为体育赛事类、体育节庆与活动类。根据观看体育景观的目的与意义层次不同，将景观型资源分为体育建筑与设备设施类、体育教学科研试验场所类。

（四）分类体系指标

1. 参与型体育旅游资源

参与型体育旅游资源主要是指可以为体育运动项目的开展提供场地条件的资源，强调游客对于体育运动的参与、体验性，通过参与体育旅游活动可以满足强身健体、愉悦身心的目的。

（1）地文类体育旅游资源

地文类指可以为陆上体育旅游运动项目开展提供条件的资源。通过分析陆上体育运动项目的开展条件，将资源的高度、起伏度、坡度属性作为划分地文类资源的依据，有以下分类。

①山地类

指具有一定的相对高度、起伏较大、坡度陡峭属性特征的资源总称，可以为开展登山、攀岩、蹦极、溜索、崖降等体育旅游活动提供条件。

②平原丘陵类

指具有海拔较低、地貌较缓、起伏不大属性特征的资源总称，可以为开展拓展、自驾游、汽车摩托运动、露营、单车、户外越野、徒步等体育旅游活动提供条件。

③特殊地貌类

包含地质地貌过程形迹（岩石洞与岩穴、沙石泥地）、自然变动遗迹（泥石流堆积、地震遗迹、陷落地、火山与熔岩、冰川堆积体）、草地、林地等资源，可以为开展滑沙、沙滩足球或排球、滑草、户外探险运动等对场地具有特殊要求的体育旅游活动提供条件。

（2）水域类体育旅游资源

水域类主要由河流湖泊类、海域类、冰雪类构成。

①河流湖泊类、海域类，由于坡度、浪高、水流流速等属性存在差异，可开展的体育运动项目也有所不同，如漂流、龙舟等运动多在河流湖泊中开展，冲浪、潜水等运动则多在海域中进行。

②冰雪类对冰雪的厚度、环境温度等有特定要求适合开展滑冰、滑雪、冰球、攀冰等冰雪相关的运动。

（3）空域类体育旅游资源

空域类指可以为开展航空模型、跳伞、运动飞机、热气球、滑翔伞、动力伞等航空运动项目提供无空中管制、空中无障碍物、起飞或降落的跑道地点平缓硬化的空中资源。

（4）都市类体育旅游资源

都市类是指都市里人工建造的、少数的城市拥有、较为稀缺的人文体育旅游资源，可供游客参与各类体育旅游活动，吸引人们跨城市进行旅游消费的都市稀缺性资源。主要包括各类游乐场、室内冰雪场地、高尔夫球场、标准橄榄球场、棒球场、体育体验馆、体育特色小镇、体育主题酒店等。

2. 观赏型体育旅游资源

游客通过观看体育赛事、游览体育景观以感受与体验体育运动魅力，满足休闲娱乐的目的，强调资源的可供参观、欣赏价值。

（1）事件型体育旅游资源

事件型是动态发生的、定期或不定期举办的、观看时间受限定的观赏类资源。

①具有专业性、偏向竞技性的体育赛事归为一类，如 FI 世界锦标赛中国大奖赛、ATP1000 大师赛、国际田联钻石联赛等上海品牌赛事每年吸引来自全国各地的游客来访。

②偏向大众参与的、带有表演性质的体育节事（体育节、体育旅游节、体育文化节等）、传统民族民俗项目等归为一类，如上海国际旅游节、上海国际大众体育节、崇明岛休闲体育大会、少林寺的武术表演、舞龙舞狮等同样对游客具有吸引力。

（2）景观型体育旅游资源

景观型是以静态实体存在的、参观受时间限定较少的观赏类资源。

①以增加体育见识、了解体育文化等为目的的体育建筑与设备设施类为一

类，包括对著名体育场馆、体育博物馆／艺术馆、先进稀有的体育设备设施、体育特色小镇等的游览参观，如北京的鸟巢和水立方、国际乒联博物馆、VR体验馆、体育类机器人等景观。

②以学习专业体育知识与技能为目的的体育教学科研试验场所为一类，包括对体育教学训练基地、体育科研机构等的参观学习，如上海市东方绿舟体育训练基地、中国乒乓球学院等资源。

第二节 体育旅游资源的分布情况

我国地形多样，拥有丰富的体育旅游资源，体育旅游开发潜力大。

一、西部体育旅游资源

（一）发展现状

我国西部是少数民族最集中的地区，各民族丰富多彩的传统体育活动是构成西部体育文化资源的重要组成部分。经过多年的发展，西部体育旅游产业逐渐形成了三大核心体育产品体系：以西部地区民族传统文化为核心的旅游体验产品体系，以西部地区重大国内外赛事为核心的观赏型体育旅游产品体系，以西部原生态环境为基础的科考探险类旅游产品体系。

（二）开发优势

1. 资源优势

西部地区面积广大，地势高低起伏大，地形复杂多样，拥有高原、山地、盆地、草原、沙漠等天然资源，复杂的地貌内含丰富的自然体育旅游资源。西部地区创造的文化和人文景观举世闻名，为西部体育旅游的发展提供了独特的条件。同时，西部作为"一带一路"倡议的重点发展地区，对积极发展体育旅游的意义重大。

2. 多民族优势

西部地区是我国少数民族的聚集地，有近500项民族传统体育项目。各少数民族独特的文化，蕴含了多姿多彩的民族传统体育项目，如赛马、射箭、民族舞蹈等，这些资源对西部地区的体育旅游文化发展十分有利。

3. 国内外特色赛事优势

西部地区举办的环青海湖国际自行车赛、青海国际高原攀岩精英赛、岗什卡国际滑雪登山挑战赛等国际体育赛事，在充分利用自身资源的基础上，推动了相关产业发展。

二、中部地区体育旅游资源

（一）发展现状

中部地区资源丰富且等级高，蕴含着丰富的体育旅游资源。独特的自然风光、历史文化和革命圣地构成了中部地区特有的旅游资源，少数民族体育运动项目众多，为发展中部地区体育旅游提供了保证。

（二）开发优势

1. 区位优势

我国中部地区位于内陆中心，是贯穿东西南北的重要地带，中部地区北接环渤海体育旅游圈，邻近我国重要的政治、经济、文化中心；南部毗邻中部地区的重要客源市场——长江三角洲体育旅游圈（该旅游圈是无可替代的港澳台、东南亚国家客源市场中转地）；西接西部大开发地区，有效地承接了潜在的国内客源地；东部邻近长三角体育旅游热门地区。

2. 资源优势

中部地区融自然与人文体育旅游资源为一体。这里山系众多，自然人文景观秀丽幽静；同时，中部地区是我国文明的发源地，许多自然山水资源与历史古迹邻近，旅游资源多、等级高。

3. 交通优势

中部地区是我国横贯东西南北的重要交通枢纽。地面交通优势突出，数10条铁路干线和数百条铁路支线；公路交通发达，多条国家级、省际高速公路和国道将中部地区串联；长江与黄河的流经，为中部地区带来了内河运输的便利；中部地区的民用机场已开通上百条国内和国际航线。

三、东部地区体育旅游资源

（一）发展现状

我国东部地区经济发达，为举办国际体育赛事提供良好的经济基础与资金保障。东部地区较西部对外开放较早，因此社会文化容易与国际接轨，其中，最具代表性的是上海，上海举办诸多与世界接轨的国际大赛，吸引了无数热爱体育的游客。同时，临海的东部地区还适宜发展海洋旅游。一项对我国东部、中西部地区体育旅游资源现状的比较显示，东部地区以节庆活动和体育旅游产品为主。

（二）开发优势

1. 区位优势

东部地区拥有我国经济较发达的四大城市群：京津冀城市群、长江三角洲城市群、珠江三角洲城市群和海峡经济区城市群。东部地区海运、河运发达，珠三角地区还具有对外开放的领先优势。沿海地区靠近日韩及东南亚地区等地，可以承接外国游客。

2. 资源优势

我国东部地区以平原和山地为主，河流丰富，山脉森林众多，为开展登山、越野等山地活动提供良好的自然资源。沿海地区可以为游泳、帆船、沙滩排球等项目提供良好的场所。东部地区拥有良好的体育人文环境，众多历史文化名城也蕴含着丰富的体育文化。

3. 竞技体育优势

我国东部地区经济优势推动竞技体育发展，在我国举办的重大体育赛事如奥运会、亚运会、全运会等，多数由东部地区承办。这不仅刺激了东部经济的发展，而且也吸引了众多前来观赛的游客，带动城市体育旅游的发展。

第三节　体育旅游资源的开发与利用

一、体育旅游资源开发的作用

旅游资源开发，是指以发展旅游业为前提，以市场需求为导向，发挥、改善和提高旅游资源对游客的吸引力，有组织、有计划地把旅游资源改造成能成为旅游业所利用的旅游吸引物的经济技术系统活动。体育旅游资源的开发是指人们为了发挥、改善和提高体育旅游资源的吸引力从事开拓和建设活动。这一概念有两层含义：一是改变体育旅游资源的可进入性，对于尚未被利用的资源变成能为体育旅游者所用；二是已被部分利用的资源在其利用的广度和深度上得到加强。体育旅游资源开发的目的就是在于利用旅游资源为人类服务，即应将资源优势转化为产品优势，不能为了保护而将资源搁置起来，有效的保护不是有限的保护，有效保护与合理开发利用应互为因果，关键是提高规划的科学性和前瞻性。严格的保护与合理的开发，可使资源发挥最大效能，可利用的生命周期更长，达到永续利用，合理的利用也可对资源起到保护作用。

体育旅游资源的开发一般分为单项开发与多项综合性开发。单项开发较少，一般为初期开发或特殊项目，例如极限探险等个别体育旅游资源。由于体育旅游资源是与自然和人文旅游资源相互联系的，所以开发基本是多项综合性开发。另外，在开发过程中涉及整体布局、城市规划、交通、基础设施等。因此，体育旅游资源的开发并非局限于资源本身，还包括在选定基础上，为了开拓利用这些旅游资源而对与之有关的接待条件进行开发和建设，以便形成一个具有吸引力的旅游环境或接待空间。

二、体育旅游资源开发的内容

（一）体育旅游景区的规划与设计

体育旅游资源的开发首先应考虑是体育旅游资源的定向，即根据自然资源与人文资源的条件，选择所能开发的体育旅游项目。其次是考虑体育旅游者的定向，即所开发的项目是适合于哪类人群的需求。体育旅游不同于一般旅游，区别在于体育旅游活动具有参与性特征，因此，大众化体育旅游资源就需要考虑一般体育旅游者的能力，难度太大、危险太高往往会使他们望而却步。

（二）交通和通信设施的可进入性

体育旅游资源的不可移动性形成体育旅游区与旅游市场之间的空间距离，这是影响体育旅游目的地可进入性的重要因素。因此，开发先要解决的就是能够联系两者之间的交通、通信、网络等设施，这是旅游地与外界联系的先决条件。解决和提高可进入程度，包括交通和通信基础设施建设、运营安排等。

（三）体育旅游设施的建设

体育旅游设施建设是开展体育旅游活动的必备条件，包括以下内容。

①购置和自制所开展体育旅游活动的设备与器材，如漂流所需的船只、皮艇、皮筏、竹筏等；滑雪运动所需的滑雪器材与工具等。

②体育旅游活动的安全与保障建设，对线路的安全程度进行检查，如漂流的河段水流变化情况与河床情况，水上救生衣及救护人员的配备，攀岩的岩石松动情况和安全保险设备等。

③运动场所配套设施建设，如滑雪场不同坡度与长度的滑道以及配套上山缆车等。

(四) 培训专业服务人员

旅游服务质量的高低，在一定程度上会起到增添或者减少旅游资源吸引力的作用。因此，培养具有专业水平的服务人员非常重要。体育旅游在于参与性、刺激性、挑战性，体育旅游者在参与体育旅游活动过程中存在着或多或少的心理障碍，需要有人帮助自己解疑、克服这些障碍。这就需要体育旅游服务人员的专业技术指导、安全保护服务、体育旅游景区讲解等。

三、体育旅游资源开发利用的原则

(一) 对特色体育资源深入挖掘的原则

对于体育旅游资源而言，其拥有特定的文化意蕴。由于人们所生活的文化环境以及习惯存在一定差异，所开展的体育活动形式也有所不同，这便是体育旅游产品的特色体现。即便是对于处在相同省份内其体育形式基本一致，不过对于不同城市而言，由于在地理位置方面依旧有着一定的差异，使得其文化氛围也不会截然相同，相应的体育旅游资源相应文化意蕴也会有所差异。

(二) 注重不同产业间联合效应的原则

在开发体育旅游资源的过程中，其他相关产业对于体育旅游产业的开发有着极大推动与支撑作用，而体育旅游产业开发同样能够推动其他产业的发展，这些产业之间所存在的联系是极为密切的。美国经济部门曾经借助于所建立的数学模型，经过一定的验算之后得出了和体育产业存在密切关联性的产业包含有旅游产业、服装产业、交通产业、建材产业、食品产业以及机械产业。

第四节　湖南省体育旅游资源的开发策略

湖南省体育旅游资源开发的指导思想与目标，是以增进人民福祉、提高健康水平为出发点和落脚点，以国家、省市出台的相关文件为基本依据，以品牌建设为抓手，以资源整合融合为重点，以服务优化为手段，狠抓项目建设、招商引资和全民健身工程，全力推动生态体育旅游产业的高质量科学性、跨越性发展，最终成功打造长江区域首屈一指的生态体育旅游目的地和国内知名的生态体育旅游城市样板。

一、湖南省体育旅游资源开发的原则

（一）生态保护原则

生态体育旅游强调生态，在资源开发过程中，需以生态环境保护为核心理念，着力推进人与自然和谐共生，坚持"保护第一、开发第二"的原则，把环境保护放在第一位，保持区域内良好的山水生态系统，使发展与生态文明建设和生态环境保护相协调。

（二）主客共享原则

生态体育旅游各项基础设施和配套服务设施的建设，不仅要满足游客观赏和参与体育活动的需求，而且也要满足当地居民的日常休闲需求，实现配套服务设施的"主客共享"，促进人与人的和谐发展。

（三）差异发展原则

生态体育旅游产品定位必须发挥自身优势，突出特色，避免与周边项目的同质化竞争，走差异化开发之路，打造"人无我有，人有我优，人优我特"的竞争优势。

（四）产业融合原则

生态体育旅游是兼具生态、体育、旅游、文化和健康属性的融合业态，这些产业之间高度关联，有融合发展的空间，开发过程中，打破产业之间的边界概念，将生态体育旅游项目与红色旅游项目、养老项目、度假项目等有机结合，推动产业积极融合，互利共赢。

二、湖南省体育旅游资源开发的对策

（一）丰富宣传营销手段

开展针对性宣传，营造良好生态体育旅游城市形象和氛围。在市县级层面构筑生态体育旅游城市信息服务平台，尤其注重微信、微博、短视频等互联网手段进行多渠道、多层次的宣传营销。注意通过主题宣传、公益广告等多种渠道广泛宣传，提升公民的体育健康意识、运动习惯与消费的积极性。在对外宣传方面，既要注意与湖南省旅游形象进行整合营销，也要注意龙头品牌项目的单独营销。

重视与品牌赛事、运动休闲项目等的结合营销，与全国性体育机构合作引进高水平的赛事，并与知名体育类垂直媒体建立合作关系，以重大赛事集中营销带动旅游城市的知名度和影响力。聘请专门的营销策划机构、公司进行策划推广，综合利用广播、电视、报刊等传统媒体进行宣传，同时也积极利用网络、微电影以及特殊事件等进行宣传包装，尽快树立湖南省内各生态体育旅游城市的良好形象。

（二）完善安全救援体系

打造安全救援网络，加大对参与度高、刺激性强的生态体育旅游项目的安全教育、救援的工作力度。加强安全信息警示，密切与气象部门联系，充分利用景区显示屏、广播等实时更新发布气象信息，及时公布各救援机构联系方式。完善风险高发区域的安全警示与防护标识，对在野外偏僻场所进行的危险系数高的活动，要求旅游者参与信息登记与安装 GPS 定位系统，便于行迹追踪。加快建立便捷的报警体系，对景区通信网络进行优化，加强基站建设，解决网络覆盖与拥堵问题，让受困者能及时发出报警信息并精准收到援助反馈。建立应急救援机制，推进救援队伍建设，加强应急救援设备配置，提升救援队伍医护知识和应急处置能力，强化救援应急演练，逐步建立健全综合救援机制。

（三）建立多层次人才培养体系

湖南省必须全面加强生态体育旅游发展人才工作，抓住人才培养、使用与引进，聚焦优秀人才、优化人才环境、创新机制。加强生态体育旅游产业理论研究，积极开展企业、院校和政府协同创新，建立生态体育旅游研究智库。建立生态体育旅游发展人才平台，实施高端人才培养与引进计划，重视退役运动员、教练员等各类体育专业人才的引进工作，并保障引进人才的权益，注重对青年人才和本土人才的培养。重点引进一批生态体育旅游市场营销和品牌赛事运作人才，鼓励湖南省内各类企业引进高层次人才，并积极申报省市人才计划，给予入选者相关优惠政策待遇。加强与各类国内外运动组织和协会的联系、交流与合作。

与有关专业高等院校和科研院所建立长期的合作关系，建立湖南省生态体育旅游发展研究基地、实习基地等，引进应届大学生实习实践，为湖南省建设和发展储备一大批管理、组织、运营人才。

加强对生态体育旅游发展人才的业务培训，定期举办专项培训班，聘请行业内知名专家学者集中授课，并积极赴外交流，不断提升湖南省内生态体育旅游从业人员的素质和专业化水平。

（四）培育专业人才，提升游客满意度

湖南省体育旅游的发展需要大量的体育旅游专业人员，无论是餐饮、住宿、导游，还是景区服务人员都需要具备较高的专业知识和专业技能，当前湖南省体育旅游从业者尚存在专业知识和从业技能缺乏，服务意识不佳，体育旅游从业者良莠不齐的现象，因此需要和相关专业院校合作，通过产学研模式实现企业需求与学校培养的统一，培养一批高素质、懂体育、服务到位的专业体育旅游从业人员，同时注重现有员工的技能培训，单位可定期组织员工培训，技能比武，全面提升服务人员技能，尤其是一些对体育专业要求高的项目，必须要技能过关，为游客提供专业及时的指导，最大限度减少游客在旅游过程中的运动风险，提高游客的服务，提升湖南体育旅游的吸引力，形成自己的独特优势。

（五）深挖内涵，打造龙头品牌项目

湖南省山川秀美、水域充沛、历史悠久，在充分发挥生态优势的基础上，融合乡村特色，打造体现高水准、前瞻性、引爆性的生态体育旅游品牌项目，为湖南省生态体育旅游确立龙头、打造精髓。在核心项目的基础上进一步拓展项目的广度和深度，分级分阶段培育面向不同消费人群的差异化项目形态，牢固树立"品质至上"原则，坚持高起点规划、高端项目引进、高水平管理、高品质体验与高文化附加值，从项目内容、专业服务、配套设施、安全保障、营销方式等各个细节入手确保体验品质和满意度，达到体验面广、体验度深、体验感好的生态体育旅游项目评价标准，以适应广大参与者日益增长的高品质体育运动需求，赢得市场认可度和美誉度。通过整体谋划为不同乡镇确立不同的主题和核心产品，规避各区域项目间的低水平重复建设，推动不同区域间运动项目的协调互补，走彼此错位发展、差异化发展的道路。

（六）推动融合发展，创新文体旅模式

文体旅产业融合可以优化湖南省体育旅游产品组合，提升游客的旅途体验，改善体育旅游资源禀赋状况。因此，湖南省体育旅游发展要注重文体旅融合发展，以文化产业、体育产业和旅游产业的发展为主线，深化文体旅产业链条，以此提高湖南省体育旅游市场占有率，通过产业融合的方式增加体育旅游市场供给，更好满足不同游客群体的体育旅游偏好，刺激游客体育旅游消费，将单一的体育运动项目、体育赛事向体育康养、体育运动体验与赛事观光、户外休闲等高端体育旅游转变，旨在整合湖南体育文化旅游资源，打造高附加值、多功能的体育旅游综合体，带动餐饮住宿等相关产业快速发展。

结合湖南省本土体育、文化、娱乐、商业等业态，积极开发体育康养、体育竞赛表演、民俗体育节、户外休闲等多样化体育旅游模式，实现多业态、多层次的立体式开发，谱写湖南体育旅游新篇章，更要加强相关部门的统筹协作，依托湖南省山地、林地、水域等自然条件优势，积极举办高品质的体育赛事，打造"景区＋体育＋休闲"的新模式，实现文化产品、体育赛事产品与旅游景区产品的融合发展。

（七）科学规划，进行保护性开发

第一要对湖南省区域内生态体育旅游资源进行价值化评价与核算；第二要对生态体育旅游的可开发性进行评价，找到开发与保护的平衡点；第三要形成基于保护前提的合理高效的开发模式。政府主管部门要发挥主导作用，对生态体育旅游资源的开发要进行全面的规划，并对市场运行进行监管。对运营企业进行公开招标，对该企业的管理水平、服务质量进行监管并提出合理的建议意见。

运营企业要提高旅游企业的服务水平，提升游客的体验感受。既促进体育旅游产业快速发展，做到突出特色、培育市场、形成品牌，又注重保护生态环境和体育文化基础设施，使环境、社会和经济协调可持续发展，实现生态体育旅游开发与保护的良性循环。

（八）构建完善的运动休闲基础设施网络

完善的基础设施网络是保障生态体育旅游建设突破发展的基石。湖南省应当利用好当前的运动休闲基础设施，进一步加大登山步道、健身步道、骑行道等设施的建设力度，建设覆盖全域的休闲体育运动基础设施网络。

精准定位户外运动项目，做好市场调研和科学规划，合理布局户外运动场地，适当增加户外运动设施用地和配套设施配建比例，建立"点、线、面"立体、多元的户外运动场地设施体系。进一步提升现有及拟建设施的标准化水平，辅之以标识标牌、线路指示、休憩点等相关配套设施，构建完善的标识指引系统。

（九）打造全域模式，统筹区域发展

全域旅游开发是未来体育旅游发展的必然趋势，因此湖南省体育旅游资源的开发要统筹发展，科学规划，湖南省体育旅游资源受地理环境影响呈现明显的区域性，地理空间分布不均匀，所辖各市体育旅游资源禀赋不一，因此湖南省体育旅游资源应着眼于湖南省现有的体育旅游资源、不断挖掘新的体育旅游新需求，积极开发全新的具有潜力的体育旅游项目，以此提升湖南省体育旅游资源丰度。

因地制宜，突出湖南特色。湖南省下辖各市政府、文旅部门以及体育局应该合作联动，积极履行政府部门的公共管理职责，共同打造湖南省全域体育旅游品牌，形成产业集群，打造湖南省本土化体育旅游品牌，吸引更多游客来湘，改善湖南省体育旅游资源分布不均的现状，打造湖南省全域体育旅游模式，打破行政壁垒，基于整体，突出体育特征性，形成多极核心体育旅游城市圈，辐射周边餐饮、住宿、文娱产业发展。

通过整合湖南省体育资源优势，深化湖南省体育旅游产业链，形成集传统民俗、体育康养、户外休闲、水上运动等于一体的差异化体育旅游区。综合考虑湖南省体育旅游区域内外旅游要素配置，将体育旅游基础设施、政策措施进行统一规划，深度融合，统一市场定位进行整体开发整体营销，积极促进湖南省体育旅游资源全域开发。

三、湖南省体育旅游资源开发的体制机制

（一）制定严格的环境评估机制

深度开发前，必须对当地资源承载力进行检测与评估，构建生态安全格局，对资源超载区域实行严格的限制性措施，降低景区项目资源地的生态环境负荷。合理控制项目开放后的参与人流量，制定和完善管理应对措施。防治生态污染，强调保护即开发，规范污水和垃圾处理方式，及时改善修复环境破坏问题，增强自然资源的恢复能力。

对景区内各项目进行严格的环境评估，确保每个项目均符合环保要求，从源头上降低项目开发对生态造成的负面影响。增加生态体育旅游项目开发的科技含量，运用现代技术对项目进行可行性论证，避免盲目粗放型项目，采用先进环保手段进行工程开发，节约合理利用资源，减少资源的损耗，防止资源浪费。建立项目收益返还资源地机制，形成生态环境保护专项资金，长期用于对自然资源的维护和改造，构建可持续的、良性互动的生态机制。

（二）建立健全应急保障机制

组建由应急管理局、公安、体育、卫生、林业、国土等部门精兵强将共同参与的专业化的官方应急救援小组，理顺各单位职能，形成合力，建立统一有效的救援指挥系统，第一时间处理生态体育旅游项目参与过程中的突发事件。

编制并不断完善重大事故的应急预案，充分预判各类突发事件紧急程度和严重性，按照预案程序的规定，采取有效应急措施，有序指挥、协调、开展救援行动，减少人员伤亡和财产损失。

构建户外运动风险识别、评估和管理方法体系，明确区域内灾害易发点的数量和位置，在此区域内开发生态体育旅游项目必须经过严格的审核和评估，并定期进行复评工作。强制要求项目经营主体定期对运动场地进行评测、规划标段、对易发事故的区域进行标识，对重点路段路口重点保护，重点区域专人定向职守。

（三）完善医疗保障制度

针对不同的运动项目特点，采取专业医疗救援第三方合作形式或购买服务的方式，落实各生态体育旅游项目的医疗应急救援工作。制定详细的操作性强的医疗保障预案，突出每个突发事件的处理流程，责任到人。

根据项目特点和需求配备医疗、护理、麻醉、监护等不同职责的医护人员。进一步加强医疗救治培训工作，项目主办机构要定期组织从业者参加医疗救援培训，并进行考核，使一线的服务人员掌握基本的医疗救治知识。制定严格的标准，各项目必须设置医疗室提供基本的医疗救治设备设施等，保证任何突发事件的受伤者都能在第一时间得到及时的救治。

第四章 体育旅游市场的经营与管理

目前，我国体育旅游领域仍处于发展阶段，市场尚未健全，系统内外部环境之间存在一定的冲突与矛盾，因而对我国体育旅游行业的健康可持续发展产生了一定的阻碍作用。只有深入全面地了解当前我国体育旅游市场存在的相关问题，逐步完善体育旅游运转制度体系与文化氛围，优化市场发展环境，才能够实现我国体育旅游行业的健康稳定发展。本章分为体育旅游市场的构成、体育旅游市场的需求、体育旅游市场的细分、体育旅游市场的经营管理四部分，主要内容包括体育旅游市场概述、体育旅游市场细分的标准、体育旅游市场的经营管理等方面。

第一节 体育旅游市场的构成

一、体育旅游市场概述

（一）旅游市场的概念

旅游市场一般指的是旅游客源市场或者是需求市场，即某种特定旅游产品的潜在和经常购买的消费者。旅游市场的定义尚无统一定论，可以从以下三个方面去理解。

①从经济学的角度讲，即为旅游者和旅游企业双方交换旅游产品的场所。

②从地理学角度讲，它是购买旅游产品的中心。

③从商品市场范畴说，它是旅游产品在交换过程中发生的各种经济行为与关系的总和。旅游市场与一般的商品市场不同，其出售的并不是具体的物质产品，而是以出售劳务为主的包价路线。其实现了旅游产品供给与消费的过程同步，具有较强的季节性。

（二）体育旅游市场的概念

在整体商品市场中体育旅游市场只是某个组成部分，它是在市场经济条件下，伴随着体育旅游活动的发展而逐渐形成起来的。在市场经济条件的推动下，全球范围内存在规模较大的市场。

①从市场学的角度来说，体育旅游市场是体育旅游产品的潜在和经常购买者，以及体育旅游客源或需求市场。体育旅游产品的经常购买者，一般指的是具有参加体育旅游主客观的消费群体。体育旅游产品的潜在购买者，即是有出游意愿但暂时不具备参加体育旅游的客观条件，或者暂时没有出游意愿的潜在消费群体。

②从经济学的角度说，在商品市场中，体育旅游市场只是其中一种，其有效地实现了旅游者和旅游企业双方交换的场所。由于体育旅游产品以提供服务为主，所以主要依靠中间商或者是媒介和广告进行互换交易。

（三）体育旅游市场类型研究

关于体育旅游市场类型的研究，国内学者从不同的角度给出了分类标准。南京体育学院教授谭燕秋等人认为体育旅游可分成参加一项体育活动或者以集约方式对某些体育项目布局的体育旅游地所进行的体育活动。韶关学院体育学院教师王桂忠等按体育旅游者个性消费类型划分为挑战刺激类体育市场、健身娱乐市场、观看体育比赛。按照《旅游资源分类、调查与评价》（GB/T 18972—2003）可以将体育旅游资源分为三种类型：康体型体育旅游资源、观光型体育旅游资源、赛事型体育旅游资源。

目前，从体育旅游资源的类型角度出发对体育旅游市场进行分类是比较好的一种划分方法，所以体育旅游市场的类型可分为康体型体育旅游市场和赛事型体育旅游市场。

（四）体育旅游市场存在的问题

当前，体育旅游市场存在以下几个问题。

1. 产品层次低

目前，中国的体育旅游产品层次低，难以激发市场潜力。健康的体育旅游产品应该包括低频赛事、中频服务、高频健身。目前，我国体育旅游产品的开发因为专业人才严重缺乏，还停留在最低级的赛事阶段，不能很好地满足消费者的需求，无法激活市场潜力、开拓体育旅游市场。

2.服务质量低

目前，中国缺乏具有专业能力的业务人才和专业化的服务。体育旅游的发展关键在于人才的培养，但目前，体育人才的培养还没跟上来，对于拓展、攀岩、滑雪、赛车等项目很少涉及，体育旅游专业人才十分紧缺，导致体育旅游服务水平难以提高，对体育旅游的发展是一个伤害。

3.品牌吸引力低

目前，中国缺乏高水平体育旅游专业人才，不能出有吸引力的体育旅游品牌。体育旅游的快速发展依赖于好的市场环境具有优势的旅游资源和高端体育旅游人才。当前，体育旅游的发展最缺乏高端体育旅游人才来设计体育旅游品牌。由此可见，发展体育旅游面临的关键问题是怎样吸引和培养体育旅游专业人才。只有拥有了高端体育旅游人才，才可以设计出高端体育旅游产品，提供高水平的专业化服务激活旅游市场，把体育旅游发展到一个新的阶段。

二、体育旅游市场的构成要素

（一）体育旅游者

对于体育旅游者而言，以参加和观赏赛事或活动为主。一般情况下，体育赛事和活动均会有报道的新闻工作者，人们可以通过媒介的宣传来提升当地的知名度和美誉度，从而更大限度地创造经济效益和社会影响力。

目前，体育旅游越来越受到人们的瞩目，无论是在发达国家还是在发展中国家，均极大限度地满足了体育旅游者的需求。从市场需求的整体性来说，旅游者需求越高，开发的力度就会越大，旅游市场也会越旺。

（二）体育旅游资源

在自然界或者社会因素中，能够吸引体育旅游者的资源或者因素，且服务于体育旅游市场，并产生一定的经济和社会效益，均将其称为体育旅游资源。其独有的特性如下。

1.吸引性

体育旅游资源是否有吸引性决定着人们的出游方式。如果出现体育设施不完善或者服务质量不达标的情况，均会干扰到旅游者对目的地的选择。例如全国体育旅游资源开发较早的城市在四川的大邑旅游区，就以特有的冰雪体育旅游西岭雪山为主体，配合花水湾温泉，将其特色鲜明的冷和热资源，运用到体育旅游市场开发中，成功地打造出以川西民俗风情为主的旅游线路。

2. 季节性

再丰富的体育旅游资源也要受地域和气候等因素影响，产生了季节性。例如，冬季适合滑雪和打冰球，夏季适合滑草和游泳等等。

3. 重复性

无论是自然旅游资源还是人文旅游资源，多数人欣赏过后并不会出现故地重游的现象。体育旅游资源却恰恰相反，由于其赋予的挑战性和参与性，在一定程度上会让人流连忘返。

（三）体育旅游媒介

将体育旅游活动的主、客和资源结合在一起，提供有偿服务的中介。它依托于体育旅游资源，体育和旅游基础设施为条件。其不断的蓬勃发展，离不开资源和经济要素。事实显示，产业发展可联动多个项目成长，其在运营过程中易受到外界事态变化。

第二节　体育旅游市场的需求

一、旅游消费环境的优化

体育旅游市场需求具有"求优"特征。游客对于环境质量、特色服务、政府供给与管理等方面已不再满足于仅仅具备或提供该要素，而是提出了更高的要求。

①特别关注环境治理、交通体系、安全保障、信息网络、智慧购物、市场监管和区域资源整合等方面的工作。

②全面贯彻"绿水青山就是金山银山"的生态文明理论，加大对自然环境和生态系统的保护。

③不断完善旅游厕所、游客集散中心、大型旅游消费综合体等旅游休闲基础设施。

④充分发挥铁路等基础设施的交通运输和游客服务功能，增加交通集散中心，完善交通运输网络，扩大交通运输覆盖范围。

⑤大力推广线上线下相结合的新零售模式，增加网络购物和智能服务。

⑥加强市场监管和行业监督，确保旅游消费各环节不存在不合理定价现象。

⑦加强区域性资源整合，充分挖掘和利用整个区域的体育资源、文化资源和旅游资源。

二、区域发展特色突出

体育旅游市场需求具有"求异"特征。游客追求目的地的自然资源、文化资源、旅游产品、基础设施与空间等方面要素的差异性。

①充分挖掘山地资源和体育文化资源，开发冰雪旅游产品和康养旅游产品，发展各类特色餐饮和特色住宿，完善体育休闲基础设施、康养休闲基础设施和生态休闲基础设施。

②依托现有产业基础，形成以冰雪、体育、文化旅游和健康养老为核心的特色产业体系，鼓励产业集聚与融合发展。依托已有的产业基础，整合冬奥会体育产业资源，打造集冰雪、山地运动、体育赛事在内的冰雪体育产业集群。

③深挖特色，将体育文化和奥运文化融入区域旅游发展之中，打造集文化旅游、生态旅游、康养旅游为一体的文化生态旅游产业集群。

④着力推进冰雪、体育、文化旅游和养老产业与传统制造业、农业的融合与延伸，发展体育装备制造业、生态农业等新兴业态。

⑤丰富冰雪、体育、文化、康养等核心产品种类打造"全周期、四季化"产品体系，丰富产品层次，增加趣味性，扩大受众范围，进一步降低体育旅游产品对游客专业技能的要求。

⑥充分融合地方特色，鼓励发展冰雪民俗、生态餐饮等特色产品。

三、游客参与意识薄弱

体育旅游市场需求具有"被动"特征。游客对与自身体验密切相关的要素表现出无所谓的态度，对目的地应该提供的必备型要素没有明确概念，参与目的地建设和体育旅游活动的意识不强。

①着力加大宣传，并采取各种方式提高游客的参与意识，鼓励游客主动参与目的地建设。

②借助贯彻全民健身和冬奥会举办的契机，推进冰雪运动普及，引导社会形成重视体育、参与体育的社会氛围。

③加大宣传推广，通过建设政府民意专栏、网络调查等方式引导民众积极参与体育旅游文化带建设。

④着力完善大众赛道和体验场地，在体育运动项目相关景点为游客提供技能培训，增强游客参与体育旅游的积极性。

四、政府和市场双重作用

旅游目的地的建设依赖于政府和市场共同作用的发挥。体育文化旅游带建设中"应维持"的要素多具有政府供给特征，"需改进"的要素多具有市场供给特征，不管是"应维持"还是"需改进"的要素，排序前两位的大多属于需要政府规划和建设的领域。这充分说明，体育文化旅游带依靠政府推动，已经在基础设施建设等方面取得了成效。未来，还需进一步发挥政府和市场的双重作用，不断提高体育文化旅游带作为新型旅游目的地的吸引力和竞争力。

第三节　体育旅游市场的细分

一、体育旅游市场细分

（一）体育旅游市场细分的含义

体育旅游市场细分就是根据体育旅游者之间需求的差异性，把一个整体体育旅游市场划分为若干个旅游者群体，从而确定企业目标市场的活动过程。体育旅游市场细分不是产品分类，而是根据旅游需求的差异划分为不同的细分市场。体育旅游市场上有各种不同需求的旅游者，进行市场细分首先要发现不同旅游者之间的需求差别，然后把需求相同的旅游者归为一类，每一类就形成一个小的细分市场。

（二）体育旅游市场细分的方法

常见的体育旅游市场细分的方法有地理细分、人口细分、心理行为细分等。

1. 地理细分

地理细分指按地理位置来细分体育旅游市场，涉及对游客来源以及游客来自哪个国家的分析。它以现在及潜在的客源发生地为研究的出发点，根据旅游输出国与接待国之间的距离，可分为远程体育旅游市场和近程体育旅游市场；根据旅游者的国际流向分，可把体育旅游市场细分为一级市场、二级市场和机会市场；根据旅游发生国而划分为不同国家体育旅游市场。

2. 人口细分

人口细分指根据旅游者的年龄、性别家庭规模、婚姻状况、家庭生命周期、收入水平、职业、文化程度、宗教、民族、种族、社会阶层等因素进行细分。

3.心理细分

心理细分指按消费者心理行为细分市场。这种划分的依据主要是消费者性格、生活方式、旅游目的、购买时间和旅游者所追求的利益等。将体育旅游市场进行不同的细分。

二、体育旅游市场细分的标准

（一）差异性

划分后的细分市场，不论是哪方面的，这些细分市场必须是属不同维度的，而且其标准必须可以用一定的客观尺度加以测定和描述。这样细分出来的各市场维度才是有区别而不重复的，才是具体而不是模糊的，也只有这样的标准才可能是有用的。

（二）便利性

对体育旅游市场进行细分是为了便于其管理者对其分类管理或体育旅游企业更有效地经营，所以其市场细分要有一定的针对性，体现出便利性原则。从不同的需要看，其细分标准也会不同。如管理者为便于对体育旅游企业进行管理而依据其企业性质可分为国营、私营、合资、外资独资等，按其档次可分为高、中、低档等。旅游企业为了对不同消费者实行针对性营销可按消费者的收入特征将体育旅游消费者市场细分为高、中、低收入体育旅游群体等，也可以按地域分本地、外地、境外消费群体等。

第四节　体育旅游市场的经营管理

一、体育旅游市场的经营管理范畴

体育旅游市场经营的管理必须根据体育旅游的物质基础进行有效的管理，否则势必会造成体育旅游资源的浪费，甚至是破坏。

①体育旅游市场的经营管理必须严格依据国家相关的法律法规以及行业的标准。我国是一个法治社会，所有的行业必须严格按照国家的法律去进行经营活动，因此体育旅游活动也就必须严格按照国家的法律法规执行。

②体育旅游市场经营的各项资源的管理。不仅要合理地使用自然资源，对于人才资源也必须合理地使用，形成一个良性循环，切不可竭泽而渔。相关的

体育旅游的配套设施也要做好管理和维护，比如说交通、食宿、卫生医疗等均是需要很好的管理，毕竟这不是一个简单的一次性体育活动。

二、体育旅游市场开发经营策略

体育旅游在发达国家早已盛行，来自世界各地的在英国进行高尔夫旅游的游客每年达到几百万人次；德国组织自行车旅游的旅行社有 300 多家，美国人最喜欢到欧洲参加自行车旅游；日本是有名的体育旅游大户，到欧洲看足球，到美国看 NBA，到世界各地看各种体育赛事；日本的相扑也吸引世界各地的游客。我国体育旅游业的发展非常迅速，每年以 30%～40% 的增长速度壮大。

（一）消费者

1. 精准定位

基于人们对体育需求的多元和差异化的消费特点，进行体育旅游市场开发时，力求在体育旅游项目的功能和深度方面有所突破。以秦皇岛为例，每年在北戴河举办的国际轮滑节，可将其举办成具有国际影响力的赛事，通过体育赛事带动秦皇岛区域体育旅游市场，打造出秦皇岛自身品牌。另外可将北戴河和南戴河的湿地相融合，切实提高体育旅游市场的探险和科普功能，建设出旅游淡季的亮点产品，最终使得设计的产品更为符合潜在体育旅游消费者的需求。

2. 优质服务

根据特殊旅游资源，积极开展项目，通过举办体育赛事带动旅游发展，更好地服务于广大游客。相关部门可组织培训班，以满足游客进行体育项目的需求，同时为吸引更多的游客参与其中，也可与旅行社合作增设相关体育项目。体育项目可根据等级水平，配备专业教练。由于其具有延续性的特点，故游客再参与到某个项目的频率会较高。为了更好地开拓体育旅游市场，可建立相关客人的档案，以便更好地提供个性化优质和优惠服务。

（二）经营者

1. 优化产品

在区域市场中按照需求和动机的差异，经营者应产出不一样的产品。按照人口特点中的年龄标准来说，可以把参加体育旅游项目的游客分为老年、中年、成年、青年等。

（1）老年游客

对于老年游客来说，体育旅游相关从业部门，应根据老年游客的特点，开拓出符合老年人群的市场。针对年龄偏大的老年群体，可以推出健康类型的体育旅游产品，进行产品宣传可以以文化和山川、特殊资源为吸引力，市场主推特色景点，市场推入的产品应避免爬山等需要体力的活动，将体育运动与旅游文化相融合，主推相关体育健康知识。

（2）中年游客

针对中年游客的特点，体育旅游的部门和经营企业为吸引更多的体育旅游者，应结合生活健康小窍门知识，充分凸显出实用性的特色，坚持"绿色与特色"相结合的原则。对于有一定事业的中年人来说，在住宿方面尽量争取安排环境优雅和具有健身器材的宾馆。在饮食方面尽量安排在住宿宾馆用餐，安排充足的用餐次数供游客品尝本地的特色小吃，在游客用餐之时，应注意宣扬当地的特产与饮食习俗。

（3）成年游客

对于成年游客来说，从事体育旅游的相关企业，应更加注意旅游目的地特色的创新，不但能够满足旅游者观看比赛和观赏景区，以及掌握体育相关知识外，还应增设游客在观光游览中的特色，让旅游者们记住并喜爱此次体验。比如可安排游客在参观游览完奥体中心后，进行一次拍卖活动，然后把在奥体中心参加比赛的球星签名照片和队服，以及用过的物品等进行现场拍卖，通过活动把体育和旅游项目相融合，从而让游客亲身体验一次竞价拍卖，最后把拍卖金作为本地旅游的宣传基金，为更好地发展体育旅游市场做铺垫。

（4）青年游客

对于青年游客来说，可针对其独特的优势为基础，创建体育体验旅游，从而提高其知名度。学生属于青年旅游者中的特殊群体，他们通常旅游不喜欢跟团，感觉跟团十分不自由，甚至会出现跟团就不算旅游的想法。对于这部分特殊人群，体育旅游相关部门除了依据常规的方法吸引游客外，也应积极地采取一定的措施，针对学生游客扩展市场。譬如在导游讲解方面，应更加凸显旅游景区的文化、历史和学术性，让学生群体满载而归。另外积极开展大学生各项比赛，在赛场附近设立有关当地特色的介绍，以吸引学生群体。

2. 加大宣传

加大产品形象宣传力度，让大家知晓体育旅游，充分提高其魅力，最大限度地组合规划相关资源，把具有民族特色化产品推向更广阔平台。有效地将各类文化艺术作品与体育旅游文化相融合，特别是本地特色的剪纸艺术和民间手工艺品，通过电视屏幕和电台广播宣传，切实提升产品推广工作。

（三）管理者

作为管理者应该清楚地意识到，只有通过政府部门有效的监督和管理，对于所面临的问题才能解决，所以政府部门的引导作用是至关重要的。

1.制定体育旅游规划

目前，旅游市场尚不完善，体育旅游作为新型的旅游形式，其市场条件有待进一步改善，因此需要政府部门针对旅游市场环境，采取系列措施进行整顿。政府部门应加强整治力度，执行自身督导的原则，用部门合作和社会监督方式，整顿和规范当地区域市场。

作为政府主管部门，我们不仅要在政策上给予宏观性的指导，而且也应在市场领域内给予充分的协作和指导，尤其在税收方面应实施减免政策。

2.开办相关设施项目

任何一个城市想走得更远，均不能以个体的形式单独存在，毕竟一个城市的资源是有限的，如果想长远谋发展，只有与周边城市形成合力，将品牌形象进行整体促销，充分发挥各城市的优势，来填补各自的不足，从而谋求更好的发展。

3.多举办大型相关赛事

开发体育旅游市场，只有依靠体育服务设施和独特的资源，才有条件去争取大型赛事的举办权，这样不仅提升了当地的知名度和美誉度，还会创造出一定的经济效益。通过赛事的举办会吸引游客和媒体，从而更好地解决了淡季的现象。一般情况下参加体育赛事的人们，均是在家人或者朋友的陪同一起参加，这对于赛事的举办地来说，无疑是件利好的消息，因为旅游者在观看赛事期间，一般均会在举办地过夜，在游人们逗留的期间，还可能进行其他活动，这样有力地带动区域经济发展。

4.培养体育旅游专业人才

体育旅游专业人才不同于传统意义上的导游，这种专业人才不仅了解体育旅游资源，而且具有开发和投资体育旅游市场的能力即熟悉体育旅游市场的运作。因此体育旅游专业人才的培养，将会有助于体育旅游市场的开发与投资，从而促进传统体育旅游市场的发展。

（四）产品

1. 资源

（1）创建自身的优势品牌

品牌是用于识别产品或服务形象的标识，它属于无形资产，强劲品牌会给企业带来较大的利润空间，所以创立自身的优势品牌是每个体育旅游部门发展的必然举措。如今人们对于品牌的形象越来越重视，体育旅游企业和相关部门对建设自身的旅游品牌也越来越关注和重视。

（2）成立生态区域相关市场

依照修旧如旧和保留历史原貌的原则，树立自身品牌特色，以吸引世界和全国各地游客。深入挖掘旅游资源和历史脉络，延伸当地文化，不断推进和增加文化内涵建设，打造出特色体育旅游项目。把各个旅游景点相互结合，扩大区域建设，进行薄利宣传促销，开发特定的客源市场。深入开发森林城市建设，让滨海和森林成为城市的特色，最终形成发展生态体育旅游的突破点。

2. 服务

（1）提升服务质量

目前制约其前进的根本原因，缺失相关制度体制，以及旅游和体育业的综合素质人员。服务质量的好坏关系到企业的生命，为了更好地吸引复合型人才的加入，相关部门可在条件允许的范围内，与高校合作增设体育旅游专业。与此同时面对在岗的人员，可采用培训和进修的方式，来切实提高人员对客服务质量，以及体育旅游经营管理知识。

（2）创造可观的经济效益

每个城市的发展均离不开便捷的交通服务，交通作为旅游的要素，同样支撑着体育旅游市场的进程，因此积极发展体育旅游交通服务，成了不可或缺的因素。体育旅游交通为其提供便捷服务，而且顺畅地实现了体育旅游者从客源地到旅游目的地的往返。可以说交通服务的前进步伐，推动了当地区域经济效益。

第五章 体育旅游与社会经济的发展

体育旅游的发展需要良好的经济环境的支持。国民生活水平的提高是体育产业发展的先决条件。只有当人们的生活水平相对较高时，它才能在经济上得到丰富。体育锻炼、注意体育赛事、消费体育用品、观看体育比赛的消费是体育产业的重要组成部分。本章主要有体育旅游与社会经济的关系、国内外体育旅游经济的发展、体育旅游经济的发展动态三部分。主要包含体育旅游对社会经济发展的作用、国内体育旅游经济的特点、体育旅游经济在体育产业经济中价值凸显等内容。

第一节 体育旅游与社会经济的关系

一、体育旅游经济相关概念界定

（一）体育经济

体育经济指以生产、经营为目的，通过挖掘和发挥体育活动潜在的经济价值，基于公众体育活动而产生和发展起来的一系列体育产品开发销售、体育服务提供等经济行为及所形成的产业链条。体育经济所包含的范围十分广泛，几乎涵盖所有与体育相关经济活动及产业体系，并且目前已经形成了专门的体育经济学专业，对体育经济的相关内容及问题进行研究。而体育与经济的融合离不开市场经济发展所带来的市场环境变化，体育的潜在经济价值的发挥主要是通过两种途径实现的：其一为通过提供体育活动提高社会劳动者的身体素质，这就有助于提高社会生产力，进而推动经济的发展；其二是通过体育活动及体育赛事的影响，提升体育相关产品及服务的消费水平，扩大体育相关的消费市场，带动体育市场的经济发展。

近些年来，体育取得了世界范围内的普遍快速发展，而全球的经济更是得到了显著的改善和提高。随着二者各自的深入发展，体育和经济之间的联系也变得更加密切。体育经济的发展是伴随着经济的不断发展和社会的不断进步而产生的，特别是随着人们的精神文化领域要求的不断提高而发展起来的。伴随着体育的产业化发展，体育产业的规模越来越大，所以对资金的要求也随之增长，体育和经济之间产生了密切的联系，体育经济应运而生并且不断地发展壮大。所谓的体育产业，既包括对体育相关的物质产品的生产，也包括精神产品的生产，还包括与体育相关的服务。然而，如果挖掘体育产业的本质，那么主要表现在体育运动当中所蕴含的经济价值方面。体育产业侧重于将体育作为一个产业部门来进行研究发展，而体育经济是一种新兴的经济部门。体育产业的核心在于经济价值的创造，而体育经济的发展又进一步带动了体育产业的发展。伴随着第三次科技革命的爆发，世界经济取得了巨大的发展，产业结构不断地得到优化升级，体育经济在国民经济当中的地位和作用逐渐上升。

目前，在一些国家，体育经济已经发展成为国民经济当中非常重要的一个部分，甚至成了支柱产业。体育经济的发展离不开一个国家或者地区整体经济的发展。体育经济具有市场拉动和创汇效应、联动产业与就业效应和人文效应。并具有社会效益和经济效益，对各国的经济发展都非常重要。

（二）旅游经济

旅游经济是随着旅游活动热度上升而出现的一个相对较新的概念，简而言之，旅游经济就是指所有与旅游活动相关的，在旅游活动中包括旅游相关产品服务经营者及游客在内的所有参与方之间基于利益和需求所发生的一切经济活动及经济关系。旅游经济的发展是需要一定的前提条件，如社会经济的发展、人民收入的增加、交通条件的改善、政策的支持引导等，在这些前提条件下，人民的旅游意愿和需求随之得到较大程度的增强，需求催生市场，旅游市场也便逐渐成形，这些共同推动了旅游经济的快速发展。在国家积极鼓励发展第三产业的形势下，近年来已经有越来越多的地区选择通过发展旅游产业来带动区域经济的发展，而国际旅游的兴起更是极大程度上加快了不同国家间的经济和文化交流。近年来，对旅游经济的研究也呈现出不断升温的趋势，由旅游经济衍生出的旅游经济学也成了近年来的一大热门学科。

（三）体育旅游经济

体育旅游经济是体育经济和旅游经济融合的产物。体育旅游是以体育为主题和核心的旅游活动，游客基于参与体育活动、观赏体育赛事、体验体育文化等目的，在旅游的过程中借此达到休闲放松、锻炼身体、交流互动、竞技竞赛、刺激冒险、康复保健等多方面的目的。在这一过程中，体育产品的销售方、体育服务的提供方、旅游服务企业、旅游地其他餐饮娱乐服务方以及相关赛事活动的组织者则通过为旅游者提供产品、服务、销售门票等形式在满足旅游者身心需求的同时获得经济的收益，这一过程中由体育产业和旅游产业交叉融合所形成的经济模式便是体育旅游经济。体育旅游经济借助近年来的体育热与旅游热的强大助推力实现了飞速的发展，尤其是重大体育赛事的举办，更是会给举办带来巨大的旅游经济收益。目前，已经有很多地区通过利用本地区开展体育活动有利条件，大力发展体育旅游经济，实现了地区经济结构的成功转型，发展体育旅游经济已经成为越来越多地区经济发展的共同选择。

二、体育旅游对社会经济发展的作用

（一）促进产业持续发展

随着科技的进步和经济的发展，人们对体育项目越来越重视，并且旅游项目和体育的发展对以后的单一项目起着不可估量的作用。

①体育旅游丰富了体验性活动，极快地激发了人们的吸引力和参与度，让人们能够充分地把眼光放到这一项目之上。由于体育旅游项目产业的单一，公司对其进行合理的配置优化，使其达到大众所满意的结果，随即吸引更多的游客参与其中，并推动经济的发展。

②促使旅游业积累更优质的资源发展长远的目标，促进企业转型升级。在成熟时期能够有一定的经济基础，充分展现旅游业的优势。在每个时期都会遇到不同的种类的旅游项目，在发展阶段有着资金和更多问题的阻止，为了取得与外界的联系，和更发达的国家和先进的制造技术的国家进行合作交流。

③通过体育旅游产业系统耦合协同发展来优化资源利用问题，满足市场需求。此项目的共同协作，能够推动实现产业的长久发展的目标。

（二）推动经济协调发展

为了能够使这一项目可持续发展，在当今社会这一阶段中，由于科技的发展和制造业的进步，便出现了旅游要素系统和体育要素系统相结合的场面。旅游项目的发展会推动社会的进步，在很多的状况下，能够满足人们的需求。然而，体育作为一种先进的产业项目，不仅能够给人们带来身心的愉悦和身体机能的健全，更成了一种吸引客人的一种资源。越来越多的旅游资源出现在人们的生活中。体育比赛以及体育设施都能成为旅游资源，旅游产品不仅满足了游客的文化需求，还让他们获得了良好的体验，实现国家的创新、协调、绿色、共享的发展理念，推动国家的可持续发展，实现可持续发展战略这一项目在产业中是很有潜力的，在当今世界的完善后两个项目会共同发展成为一种资源优势。

从当前实际来看，发展体育旅游经济是发挥区域自身优势，实现经济快速、平稳、可持续增长的必然选择。当前我国正处于转型的关键时期，区域经济结构的优化调整是转型的重点所在，原本单一式经济结构随着体育旅游的快速发展已经发生了巨大的改变，通过大力发展体育旅游经济，提升体育旅游产业在区域经济结构中的所占比重，能够推动各个地区经济结构整体的合理化转变，同时借助体育产业和旅游行业结合所形成的巨大市场，无疑能够有效强化经济发展潜能，增强经济的发展活力。体育旅游经济在未来的发展空间巨大，与此同时，其所产生的就业空间也是不可小觑的，通过发展体育旅游经济可以创造出大量的岗位需求，这就能够大量吸收本地区闲置的人力资源，有效拉动就业，一方面，农业生产者可以利用冬季农闲时间增加额外收入；另一方面，也能吸引大量外出求学、务工的优秀人才回到家乡就业、创业，既能发挥出缓解就业压力的作用，也能增加区域人才的保有量，这些都为未来的可持续发展创造了有利的条件。

（三）加速经济形态转变

随着时代的发展与进步，作为社会发展最重要的推手之一，经济也紧随时代的变迁而逐步变化。越来越多的新元素、新思想不断融入社会的生产生活中，传统的经济形态已不能满足和实现人们日益增长的各种需求。已由过去的单向接收产品与服务向个性化消费过程转变，且产品与消费者之间存在良性互动。在这个过程中消费者的体验参与生产过程正是体验经济的本质所在。体验经济就是要以体验的本体论为基础，以消费者需求为导向，将人的体验以小批量加个性化的方式产品化、服务化、系列化。这些特征无不昭示着体验经济时代的来临，这是人类的经济生活发展的第四个阶段，是充分实现人类需求的更新、更高的主导型经济形态，是时代发展的产物，也是服务经济的再细化。目前，在旅游业、体育产业等行业中均呈现出经济特征，它改变了人们的消费行为，强调消费者的情感体验。经济形态的转变，也为体育旅游的发展构建了良好空间。

（四）促进产业结构调整

一方面，体育旅游业相关收入开始大幅度增长，对经济发展提供了不小的帮助；另一方面，地区体育与旅游的融合促进了当地就业，体育旅游业归属于劳动密集型行业，是一项综合性的服务行业，自身发展的同时也带动了其他行业的发展，其就业机会主要包括直接就业机会和间接就业机会两种，直接就业机会是指由游客直接消费产生的，如商品、设施等；间接就业机会指由体育旅游业引起的其他行业的就业，如建筑业、制造业、产品加工业等。因此，体育旅游的发展提供了很多的就业岗位，间接地推动了经济的发展。

体育与旅游的融合发展影响了地区产业结构的调整，提供了新的机遇。体育旅游业作为世界上最大产业之一的旅游业的一部分，其带来的经济效益不容小觑，体育旅游业所带来的消费与其他行业相比，其发展与更新的速度更快，对于该行业生产力的发展具有积极的促进作用。另外，体育旅游业作为第三产业，有利于新县地区及我国的产业结构的优化。

三、体育旅游与社会经济发展的关联

（一）建立和发展体育系协会

为了使体育产业成为经济发展过程中的真正动力，应对一些体育协会提供更好的社会环境。当前，中国体育产业正在以更快的速度发展，体育协会的做法与体育经济的发展相协调，它们通过提高社会参与率来创造更积极的经济效益。在先进体育国家中，体育协会的建立和发展是普遍的，这种结合方法实际上需要中国借鉴。

（二）发展农村体育产业

利用体育的经济促进功能可以促进农村体育产业的发展。因为农村体育产业的发展是当前中国体育产业发展的重点和难点。为了丰富农村的社会文化生活，使农民成为体育的主要参与者是推动当前农村改革和发展的重要方向。因此，在农村地区，需要加强对体育产业价值的舆论，使所有农村家庭都能体会到体育的价值，也有必要加强各级行政管理部门的教育。指示行政部门对体育产业感兴趣，并充分发掘体育的经济和社会价值。这样，体育产业可以对更广泛的领域产生积极影响，体育产业可以刺激农村经济的发展。

（三）探索体育产业的潜力

有必要进一步探索体育产业本身的潜力，尤其是值得人们精神和文化生活满足的体育产业的潜力，并为当前体育产业的发展而努力。体育产业必须协调各种商业形式。特别在体育产业中，对当前体育用品和游戏广播产业的发展，需要进一步探索。体育和体育产业的发展必将增加劳动服务部门对劳动力的需求。在产业发展过程中，应鼓励体育产业在多元化发展的基础上形成更加平衡的产业结构，并通过进一步弥补缺陷和协调各种关系，为区域差异提供体育产业可持续发展的基础。其具体方法如下。

1. 加强政府的宏观指导

尽管市场经济对体育产业的发展影响更大，但政府宏观调控的影响不容忽视。除了初步计划外，应注意后续发展，以免由于追求暂时的快速经济增长而盲目建设体育馆并举办体育赛事，这种不合理的发展行动将导致资金流失。当公司响应政府"共享"发展的概念时，可以回收资本和公共体育设施，以免浪费资源。

2. 加快资源整合功能改进

资源的充分利用和循环，为体育产业的整体发展做出了贡献。合理利用基础设施和社会基金等资源可以加快体育产业项目的发展。产业可以引入社会资本来拓宽其融资渠道，减少体育产业项目期间的资金短缺，并增强产业的活力。活跃的市场氛围可以为体育产业提供合适的发展环境。公司可以在良好的氛围中相互竞争，不断提高自己的优势，不仅可以促进产业链的优化，而且可以提高服务质量。

3. 完善产业链优化布局

作为新兴产业，体育产业可以成为我国经济增长的新支撑点。除了自身有效的经济效应外，周边产业也具有强大的发展潜力。企业可以抓住这些优势，并利用它们来优化产业链的布局，消除结构失衡，最终实现稳定的消费群体并促进快速的经济发展。为了优化产业链的布局，除了考虑资源整合外，还需要将资源划分为资源过多的区域，并将其分配到必要的区域。只有迅速完成成为体育强国的过程并实现优质的工业发展，才能满足消费者不断增长的消费需求，提高体育产业的地位，并提高经济效益。

第二节　国内外体育旅游经济的发展

一、国内外体育旅游经济发展特点

（一）国外体育旅游经济的特点

1. 体育旅游政策体系教完整

国外体育旅游体系的完整性，首先，体现在其政策体系完整丰富，如国外发达国家通用的体育旅游发展政策包括体育旅游的宏观管理、行业管理、市场规范和经营自律机制等，形成了完善的促进体育旅游快速和健康发展的政策保障。其次，国外体育旅游政策体系对政府和非政府组织以及乡村旅游企业之间的关系给予了足够的关注，在政策体系上体现了对其关系进行调控、管理的机制。

2. 体育旅游消费者层次较高

国外先进国家的体育旅游发展体现在其最稳定的客源市场，主体是受教育程度较高、经济条件也很好的中产阶级游客。他们选择体育旅游，不是贪图收费低廉（费用可能比其他旅游更高），而是在寻找早已失落的心灵净土和悠久的民族文化氛围，他们参加体育活动，他们不再是仅仅追求物欲的享受，而更注重精神的修炼。

3. 体育旅游的产品形式多样

国外体育旅游产品组合方式灵活，成熟度高。国外乡村旅游的形式主要有观光型体育旅游、竞赛型体育旅游、度假型体育旅游、健身娱乐型体育旅游、拓展型体育旅游等。其中，健身娱乐型体育旅游、拓展型体育旅游在体育旅游中比较典型。

4. 体育旅游消费者重游率高

体育旅游消费者参与体育旅游活动的本质需求是为了寻求体验，目标市场的划分对体育旅游消费体验的提升具有积极作用。良好的消费体验是消费者故地重游的关键，观看体育赛事、参加体育活动、参观体育博物馆或著名的体育场馆都是体验的不同形式。所以，在体育旅游的产品设计中，要围绕消费者的消费体验进行设计和开发。产品设计的好坏主要取决于消费者的体验需求是否与产品所能提供的体验相契合，最佳体验是体验所带来的收获和游客所寻求的收获之间有一定的匹配。因此，在体育旅游产品的设计中要注重消费者的体验需求，使体育旅游消费者的消费体验得到提升，从而提高消费者的重游率。

5. 体育旅游地形象鲜明

体育旅游地的形象对增强消费者的感知经验有显著的作用。在体育旅游中，可以将体育旅游地的形象大概分为两部分：一是体育旅游目的地所能提供的体育活动的基础设施建设；二是体育旅游目的地中能够间接影响参与者消费体验的服务环境。两个方面都会影响体育旅游参与者的期望和消费体验的质量。因此，营销者要注重体育活动基础设施的完善，使消费者能够享受到在家里所不能享受到的休闲体验。此外，主题化已经成为美化目的地服务环境，尤其是谋求提升体育旅游体验品质的一种关键手段。营销者可以将"主题化"作为一种营销手段，可以在餐饮等服务行业中融入与主题相契合的体育元素，从而使消费者受到当地独有的特色环境的熏陶，加深体育旅游体验，刺激消费者再消费。搭建网络交流平台是提高消费者消费体验的一种有效手段。旅游经营者在消费者旅行行为未发生之前，将要去同一地区的消费者通过网络建立一个交流组，方便消费者相互交流，参与者表示这样做会拉近彼此在旅行途中的关系，加强了整体体验，这个例子证明了运用网络手段对体育旅游体验可以产生积极影响。

在服务中，其他消费者与体育活动同样是"体验"的一部分，都会影响参与者自身的消费体验。这种影响可能是积极的，也可能是消极的。例如，有机会与其他爱好者相互交流，这对促使人们参与体育旅游起积极作用。另一方面，由于消费者人数过多导致拥挤，特别是服务提供的延迟将会减少体育旅游者的享受。

6. 十分注重潜在游客的开发

体育旅游产业稳定可持续的发展，仅靠稳定的客源和良好的服务质量是不够的，要想保持体育旅游企业长期稳定的可持续发展，必须在维持住已有客源的前提下寻找新的客源市场，加大企业传播力度，使企业人人熟知。因此，从市场经营管理的角度来说，如何开发潜在游客，如何提高消费者重游率，如何增加企业的销售额度以及如何提升企业知名度成了国外体育旅游市场经营管理研究中的重点内容。

在体育旅游市场营销策略中，差异性目标市场策略是许多体育旅游企业普遍采用的营销策略。由于体育旅游消费者的偏好差异性很大，所以营销人员有必要对目标市场进行区分。通常，目标市场的定位是根据市场细分变量如地理、人口、心理和行为特征等来识别出相对同质的消费者群体，并对目标市场进行分段定位。根据细分变量，将目标市场大致可分为首要体育旅游者、附带体育旅游者和体育爱好者三类。其中首要体育旅游者以参与体育活动为首要出游动机的参与者，主要包括体育运动员、户外探险活动的参与者、体育球迷等；附带体育旅游参与者是与首要体育旅游者恰好相反，这类群体的主要出游动机并不来源于体育活动本身；体育爱好者可以说是附带体育旅游参与者的一种，但是不同之处在于体育活动对他们的出游起到决定性的作用。对于不同的目标市场而言，同样的体活动可能满足不同目标市场的不同需求。相反，不同的体育活动也可以满足一个共同的需要。因此，对目标市场进行细化定位，便于了解消费者的本质需求，有助于给消费者提供更好的服务。

另外，对于附带体育旅游参与者来说，它包含有一种特殊的旅游群体——潜在游客。潜在游客是指对体育旅游中的体育活动有参与意愿，但是却从未参与其中的旅游群体。对于体育旅游产业发展来说，将潜在游客转变为体育活动参与者对留住游客能够起到重要作用。国外许多体育旅游供应商为了促使潜在游客转变为体育活动参与者采用了各种方式。他们会为第一次参与体育旅游的潜在游客提供一些体育活动的学习机会，比如攀岩、登山等，而且提供住宿和所需的基础设备，并聘请资深的教练对他们进行指导训练。目的是使潜在游客在亲身体验中寻找到乐趣，从而吸引他们故地重游。开发潜在游客是营销者值得关注的，对体育旅游产业的发展具有重要作用。

（二）国内体育旅游经济的特点

1.体育旅游的生产要素优化组合

体育要素系统和旅游要素系统的联合是参与人群最为广泛的一个重大项目。任意一个体育系统都会有其相应的发展道路，沿着该道路发展，会迅速增加很多就业机会。社会的不断发展会增加就业机会，如旅游餐饮业、旅游宾馆业、旅游交通业、旅游景观业、旅游商品业、旅游娱乐业等产业迅速发展，产业的规模不断扩大，促进经济发展。旅游要素系统的发展促使系统对劳动力的需求日益增大，吸纳体育系统劳动力不断聚集，同时由于要素系统间的前向和后向关联效应刺激相关产业对劳动力的需求。这样劳动力资源可以得到有效的利用，使各种生产要素达到优化组合，促使体育旅游经济效率全面提高。

2. 体育旅游的经济政策趋于成熟

各种要素系统生态在联系的过程当中，经济是其中不可或缺的一项物质和内容。如果其中一个旅游系统资产持续不断地扩大，会使关联的其他部分也会得到一定的相关投资。就目前而言，体育系统的各项发展情况都可以推动甚至改变旅游系统的发展方向。所以，体育旅游经济内部要素系统达成一种新的关联，才可以获得更多收益机会。

3. 体育旅游的基础设施建设加快

任何一个产业的发展需要大量的资金、人力和物力，更需要较完备的基础设施。基础设施在产业的运作过程中是至关重要的。体育旅游产业所包含的基础设施种类繁多，也可以带动销售行业的发展。体育旅游项目的设施包括交通运输类、医疗和通信等众多方面。其次，体育旅游业将会带动着周边产业和第二产业的发展，例如：食宿、儿童娱乐、购物等休闲场所的消费。生态圈的耦合会使有效的资源都能够得到耦合。使得利润最大化，其最主要的任务是改善基础设施。

4. 体育旅游地方资源的飞速发展

体育旅游经济在资源开发利用方面存在关系，在体育旅游产业互动性的推动下，体育旅游资源的互补性得到充分体现，体育旅游产业的关联性也进一步增强。体育旅游产业资源开发利用地体现在体育资源的开发需要大量的人力、物力、资源的支持，才能够在体育旅游产业的发展中取得一定的成效。而旅游资源的开发需要大范围的支持，提升发展战略、拓展战略空间也必须依赖于体育要素的参与感及体验性的充分发挥。

5. 体育旅游的支撑逐渐全面

在我国的众多产业中，体育这一项目是参与度最为广泛的，对体育旅游经济有强大支撑力的是固定的人群和产业项目，它也是旅游要素系统和体育要素系统相互交叉的一个项目。支撑着旅游项目发展的主要力量是体育旅游知识，并且它影响着产业项目的水平。因此，拥有强大的知识水平是至关重要的，例如拥有充足的院校及学生数、人力资源和高新的科学技术能力。与此同时，在较为先进的技术水平之下，体育旅游项目的种类越来越繁多，并且数量也很多。而且，人力数量在支撑着旅游系统并对每个节点都有一定的影响，在旅游系统的各个环节中都有着各不相同的阻碍，为了提高体育产业的生产技术，增加生产数量并提高销售水平从而拥有强大的科研能力，才能建立出一种由资源整合而成的先进产业，这就更好地显现了资源和技术的重要性。

6.体育旅游发展政策连贯性提升

近年来，体育旅游产业的发展得到国家层面的高度重视。支持各地、各行业结合旅游休闲等资源打造品牌赛事活动，并对旅游项目的开发与建设制定了一系列的规划，能够有计划地利用好资源，不断摸索建设先进的产业。国务院出台的相关政策和一系列的建议，都是为了推动体育旅游项目的发展，更新人们的消费观念，提高消费质量。国家和相关部委为体育旅游产业提供了一定的制度保障，推动体育旅游项目可持续发展。相关政策与措施将体育旅游产业作为全民健身、体育强国建设的市场基础、设施载体，以及中国新的经济与消费增长点加以培育。同时由于要素系统间的前向和后向关联效应刺激相关产业对劳动力的需求。劳动力资源得到有效的利用，使各种生产要素达到优化组合，促使体育旅游产业效率全面提高。

除宏观层面的政策外，具体的专项运动项目发展政策与规划也凸显了对体育旅游经济的重视。国家在每年都会开展相关主题的娱乐比赛项目，如以马拉松、自行车运动为主的项目，这样不仅能够向大众提供一种技能活动，也能提高人们的身体技能素质，对体育旅游产业的扩张有一定的积极作用。以多种形式向大众提供服务平台，展开一系列活动，促进了体育旅游经济的发展。

7.体育旅游产业逐步发展迅速

（1）规模逐步扩大

尽管目前还缺乏针对体育旅游经济的专项统计，但从相关行业数据中可以估算出体育旅游产业的大体规模，国家体育旅游产业产值逐年增加增长值稳步提升，体育旅游项目在国内外都被重视起来，项目也越来越多。如滑雪、马拉松等运动项目。体育旅游项目的人次占据总人次的比例也逐年增长，体育旅游项目的规模较大，能够推动经济的增长。在一线城市参与体育旅游项目的人数更多，更能带动城市的进步，进一步加快区域经济的发展。体育旅游产业以多种形式向大众提供服务平台，展开一系列的体育旅游活动。发展城市旅游项目、创建新型旅游项目，推动产业一体化。

（2）主体日趋多元

旅游运营商正在逐步实现多元一体化项目、拓宽旅游市场，多方位的开展项目实现利益最大化的原则。凯撒旅游、众信旅游和中青旅相继进入体育旅游领域。除旅游相关企业进入体育旅游领域外，其他行业领域企业也开始进入体育旅游产业。体育旅游相关企业已具备一定的产业规模。

（3）深化协同发展

借着 2022 年冬季奥运会的发展契机，利用各地的地形优势、指引体育项目导入、开展看点比赛、重建提升环境、注重号召体育团队的建立以及促进机制的与时俱进来提高共同进步与发展的速度。以区域人才培养为基础，持续推动跨区域体育旅游产业的内部系统合作与发展。

二、国内外体育旅游经济发展模式

（一）国外主要体育旅游经济发展模式

1. 体育赛事与品牌结合的模式

体育赛事主要包括两大类，分别是大型体育赛事和一般体育赛事。其中，大型体育赛事具有高影响力、高知名度、高关注度的"三高"特点，因此，体育赛事的主要特征就是借助大型体育赛事推动旅游目的地品牌的建设。而旅游目的地品牌是指目的地所具有的独特的地理或人造自然要素、风土人情、产业优势等差异化要素。旅游目的地品牌能够为目的地的发展提供保障，以提高目的地的认同效应和满意度，加强目的地的聚集效应、规模效应和辐射效应。

在体育赛事对旅游目的地影响的研究中，国外研究者将研究重心集中在了体育赛事对旅游目的地品牌提升方面。旅游目的地品牌的提升已经成为现代市场营销的核心。一个品牌不仅仅是一个标志，它涉及旅游者对目的地形象的确立，而且还浓缩了旅游目的地所能提供的服务内容。为了提升旅游目的地的品牌知名度，扩大旅游目的地的影响，体育赛事受到了国外研究者的关注。

大型体育赛事是体育赛事品牌产生的必要条件，而且体育赛事品牌与目的地品牌是密不可分的。因此，体育赛事品牌与目的地品牌的相互合作有助于旅游目的地品牌提升。国外有研究者曾以纽约市举办马拉松比赛为例，对城市品牌和体育赛事品牌的关系进行研究，发现当赛事品牌与城市品牌相结合时，城市品牌的关注度和传播力度均得到提升，充分证实了品牌合作的重要性，因此学者们开始致力于品牌合作的研究中。国外研究者在针对品牌合作的研究中指出，要想使得体育赛事品牌和目的地品牌较好地融合，需要两者的品牌要素要相互渗透，相互促进，才能实现共赢。基于实现相互渗透、相互促进的目的，国外研究者强调在体育赛事品牌的推广中融入目的地的相关要素及标志性特点，并将体育精神融入目的地的精神文化中，这样凭借着体育赛事本身的所具有的聚媒性、集众性，通过实体媒介、虚拟媒介及人与人之间的交流，促使目的地品牌可以达到最佳的宣传效果。除此之外，旅游目的地品牌的高知名度也可以反作用于赛事品牌知名度的提升。旅游目的地品牌的发展有利于目的地整体文明水平的提高，因此这些正面效应会反射到体育赛事品牌上。

近年来，国外对品牌和品牌化的研究已处于快速发展状态，但对于赛事品牌和目的地品牌的融合仍然是目前比较薄弱的研究领域。对于两者的融合需要在理论的指导下，从实践中不断摸索才能够达到融合的目的。

2. 体育与旅游季节性结合的模式

季节性现象广泛出现在各个行业中，成了国外体育旅游研究中的重点之一，这一现象最早是被国外经济领域的学者所关注，希勒贝格（Hylleberg）对于季节性的定义已经被大多数学者所接受。但是，在旅游领域的研讨中，旅游季节性仍没有形成一个被大多数人认可的定义。其中，巴特勒（Butler）所提出的定义被较多研究者引用，他认为旅游季节性是旅游活动的暂时失衡，主要体现在游客数量减少、游客消费降低、交通流量和旅游景点流量减小等。

旅游季节性是旅游业客观存在的一种负面特征，它可能会阻碍社会、经济、环境等多方面的发展，如何应对负面影响、利用各种积极的影响是国外研究者们所关注的内容。一般情况下，旅游季节性已被归因于"自然"和"体制"两个因素。自然季节性是指自然现象的临时性变化，如何满足特定休闲旅游活动是由一些气候条件所决定的。相比之下，体制季节性是指人们原本的计划由于受到某种强制性因素的影响从而产生的暂时性的变化，公共节假日是体制季节性的最常见的表现。

国外针对导致体育旅游季节性的因素进行了大量的研究，并给出了一些可行性的建议。首先是自然因素，一般情况下人们大都热衷于在春夏季去旅游，而选择在秋冬季节旅游的人相对较少，所以相对而言秋冬季节属于旅游淡季。体育在缓解旅游旺季的目的地的环境、交通等各方面的承载压力，增加旅游淡季的客流量方面可以起到重要作用。相关研究表明，在旅游淡季开发一些顺应季节特征的体育活动项目，比如滑雪、滑冰等，或是研发一些不受季节限制的体育旅游产品，主要是指一些不过分依赖于自然资源的产品，像是温泉康体、高尔夫球等可以有效缓解自然因素导致的旅游季节性现象。其次就"体制"因素而言，主要是体现在节假日期间出现旅游高峰，工作日期间出现游客数量骤减现象。经研究发现，受体制因素影响的群体主要是年轻群体中的"上班族"和"学生族"，而老年群体并不会受到体制因素的影响。和年轻群体相比，老年人拥有充足的时间和金钱，并且休闲、健身理念的意识也有所增强。所以，在旅游淡季开设一些适合老年群体的体育活动，例如高尔夫、海钓、登山、健身康复体育活动等可以有效改善体制季节性现象。

3.社会学与体育旅游参与模式

国外体育旅游参与领域的研究主要集中在社会学的视角，运用的理论主要是休闲限制论、深度休闲理论、怀旧理念，研究的内容主要集中于体育旅游参与者的参与限制因素的研究、体育旅游参与者参与程度的研究及体育旅游参与者所产生的怀旧情感研究。

（1）休闲限制理论

所谓休闲限制指影响参与群体的休闲偏好、参与欲望及享受休闲的需求的个人感知因素及外界因素。杰克逊是国外首批在休闲领域广泛运用限制框架的研究者之一，在他的研究基础上，国外学者们将其分为三大类：个人限制、人际限制和结构限制。个人限制是指使个人休闲偏好受到影响的个体身心因素，如身体因素、态度、心情、兴趣等；人际限制是指个体和社会关系间的影响因素，比如：家人、朋友、同事等；结构限制指外部的制约因素，包括距离、时间、金钱、设施等，这三种不同的限制因素具有一定的阶层关系，促使它们相互制约并相互作用。

这一理论强调层次性，表明休闲参与者可能需要打破一层或是全部层次的限制才能达到休闲的目的，其中个人限制是最基本的限制，也是最具影响力的限制，而结构限制是最高级别的限制，但是影响力却比较小。在体育旅游限制模型构建方面，最初提出的休闲限制模型是为户外休闲设计的，但是它同样适用于体育旅游领域，这一点在速降滑雪项目中得到了证实。国外针对体育旅游限制因素的研究中得出，地理因素是影响体育旅游参与的最根本的负面因素。由此，研究者借鉴了地理学家提出的距离衰减论，清楚地表达出了体育旅游目的地越远，体育旅游者参与体育旅游的限制就越大的现象。从休闲限制因素的分类可以得出，地理因素属于结构限制因素，而结构限制是最高级别的限制，影响力最小，而个人限制是最为基础的限制，但是最具影响力。

因此，个人限制是影响体育旅游参与的内在动力，能够起到决定性的作用。目前国内运用休闲限制理论研究体育旅游限制因素的极少，借助休闲限制理论研究体育旅游的限制因素，可以更加有针对性地制定体育旅游的发展策略，为体育旅游参与者提供更好的服务，从而达到扩大体育旅游市场的目的。

（2）深度休闲理论

在国外体育旅游研究中，研究者为了使人们更加深入地了解体育旅游参与者，运用深度休闲理论对体育旅游参与者作了详细的分析。国外最早将"深度休闲"定义为"人们一定的空余时间，专门的、有计划的从事自身偏爱的休闲活动，并能从活动中获得知识、经验及展示自己特殊技能的机会"。另外，国外对于深度休闲的分类是从人们参与休闲活动投入程度的角度出发，将休闲分为三种，即随性型休闲、深度型休闲和主题计划型休闲，其中深度休闲具有其自身独特性，具有 6 项特质，即坚毅性、生涯性、自勉性、持久的利益、亚文化、社会认同。这种深度休闲的理论观点得到了大多数休闲理论学者的赞同。随后，该理论框架成了大多数学者用来研究深度休闲的理论依据。

例如，学者研究了足球球迷的深度休闲行为，发现由于深度休闲行为能为参与者提供较大的社会认同，使得参与者可以补偿活动中的负面因素，体现了深度体育旅游参与者的坚毅性。体育旅游可以说是休闲的一个子系统，属于休闲的一部分，通过对深度休闲特征的了解可以便于研究者对体育旅游参与者的参与程度进行深入的了解，由此可以对体育旅游参与者进行分类，从而有针对性地服务于体育旅游参与者。一般情况下，深度休闲参与者主要包括业余者、爱好者和志愿者三类。

深度体育旅游参与者中的业余人员存在于各种体育活动中，他们主要是为了体育赛事而旅行，深度体育旅游参与者中的爱好者一般是为了参观体育名人堂、体育博物馆或是观看体育比赛而旅行，而大多数情况下许多体育活动依赖于公益活动而存在，体育赛事就是典型的代表，尤其依赖志愿者，因此，志愿者是体育旅游活动的重要组成部分。深度体育旅游参与者是体育旅游收益的主要来源，这个群体对于体育旅游的热爱程度远远超过其他方式的休闲，并且会保持持续消费状态，所以明确深度体育旅游参与者的参与动机具有必要性。

（3）怀旧理念

怀旧作为一个概念，常广泛应用于社会学，被用来解释和描述人类的认知行为。怀旧产生于记忆，当人们产生对过去时刻再体验的欲望时，怀旧行为就会发生。国外研究者将怀旧定义为"怀旧是人们对某种事物（人、地点、经历或事件）美好情感的一种精神寄托"。体育和旅游被视为是怀旧最有力的推动者，它们能唤起人们强烈的怀旧感。

怀旧体育旅游是怀旧理念在体育旅游中的应用产物。雷德蒙（Redmond）最早将体育旅游和怀旧理念结合在一起，他是最先提出"怀旧体育旅游"一词的学者。在此背景下，怀旧开始进入了体育旅游研究者的视野，体育旅游研究者开始从新的视角思考体育旅游的分类，并将体育旅游分为三种类型：主动型、事件型、怀旧型。从此开始，怀旧体育旅游开始受到研究者们的关注，并着手进行研究。国外研究者认为怀旧体育旅游主要包括参观著名的与体育相关的吸引物，吸引物主要是包括体育名人堂、博物馆、体育场馆等，例如参观马萨诸塞州的篮球名人堂、巴塞罗那和亚特兰大的奥林匹克场馆均属于怀旧体育旅游范畴。后来，随着对怀旧体育旅游的不断了解发现，怀旧体育旅游者的需求不是从固定的历史遗物和产物中单独生成的，而是从社会体验中得来的，因此，怀旧体育旅游的定义得到了丰富和完善。

体育旅游者的怀旧旅游行为是引发国外研究者研究兴趣的主要因素，因此明确怀旧体育旅游者身份是十分必要的。怀旧体育旅游在大多数情况下并不是从其本身的角度出发，而是和体育活动内容相结合，所以可以认为怀旧体育旅游者是"体育爱好者"。但是，除了"体育爱好者"以外，怀旧体育旅游参与者还包括以参观体育博物馆或是名人堂作为首要出游动机的"体育旅游朝圣者"，这种类型的参与者很少在旅游目的地过夜，他们的数量远远低于旅游过程中过夜游的人数。

在明确怀旧体育旅游者之后，确定怀旧体育旅游吸引物能为怀旧体育旅游者更好地服务。怀旧体育旅游吸引物不仅包括体育旅游博物馆、体育馆、名人堂，还包括体育赛事、体育旅游大本营等，它们在体育旅游发展中的作用是不容忽视的。

体育博物馆是怀旧体育旅游吸引物中的主要怀旧推动者，因为它们展示了体育的历史产物，能够唤起体育旅游者的回忆，刺激参与者的怀旧情绪。体育名人堂同体育博物馆不同之处在于它仅展示体育领域的佼佼者，作为游客，特别是热情的体育迷，体育名人堂会刺激他们的记忆，产生怀旧心理。

体育赛事作为怀旧体育旅游吸引物的一种，证实了怀旧因素对于体育旅游发展的推动作用。欧洲和美国的高尔夫球高级巡回赛现场转播的普及，充分证明了怀旧的价值。在前超级冰球巨星成员的比赛中，球员们重现了多年前的比赛场景，吸引了大约 6 万人的观众进行观看，足以证明怀旧对体育旅游的发展具有积极作用。

体育旅游的大本营活动体现了怀旧的多方面的本质，它既包含物质方面的怀旧，也包括精神情感上的怀旧，但是以精神情感上的怀旧为主。精神情感上的怀旧主要来源于社会体验，社会体验是大本营活动的关键本质，主要体现在大本营成员之间的深厚友谊和对集体活动的回忆。在体育旅游大本营中，参与者可以逃离现实生活中的压力，不受社会阶级、种族划分和宗教的限制，而且能在亚文化中获得新的身份，并能够和团队成员共享旅游体验，因此，怀旧回忆的产生与实际参与的活动没有必然的联系，而是与体验产生的精神情感有关。

从怀旧体育旅游研究的探讨中发现，怀旧体育旅游定义得到了补充，怀旧吸引物也不仅仅局限在"物"，也延伸到了"情"。因此，未来的怀旧体育旅游研究应该是探索怀旧在不同体育旅游环境中的多重角色，这对找出体育旅游怀旧回忆的催化剂有很大帮助。体育旅游营销者应该注重使用"怀旧"唤起人们去参与体育旅游活动热情，有助于推动体育旅游产业发展。

（二）我国体育旅游经济发展模式

通过对世界旅游经济发展模式的分析，结合我国旅游业发展现状和基本国情，中国体育旅游经济发展模式应选择以下几种。

1. 超前发展模式

世界旅游经济实践表明，各国在旅游发展模式上，可以有两种选择：一种是超前型发展战略模式；另一种是滞后型发展战略模式。超前型和滞后型发展模式，是不同经济条件下的世界各国在旅游发展道路上的两种选择，具有一定的客观必然性。与此同时，两种发展战略模式的运行环境和经济特点有着明显的差异。超前型发展战略模式的适应条件是：体育旅游的自然环境条件较好，体育旅游资源拥有量大且体育旅游产品吸引力强。适应范围主要是：经济基础较好的沿海地区和体育旅游资源丰厚且开发程度较高的地区。由于超前型发展战略模式是建立在国民经济较低水平之上的，因此该战略追求的不是本行业内在的经济效益而是体育旅游经济的波及效益，即利用体育旅游经济的综合性的特点，通过对体育旅游业的高强度投入，全面带动国民经济相关行业的发展。体育旅游业发展的兴衰，已经不是体育旅游业本身的问题，而是国民经济相关行业发展的问题。体育旅游业的作用不仅是获取外汇和回笼货币，而且已成为经济腾飞的突破口。

我国体育旅游业是伴随着我国对外开放政策的实施而发展起来的一个新兴产业。从产业运行环境来看，这种产业是建立在较弱的经济基础之上的，要使体育旅游业在短期内形成较强的产业体系，就要加大对体育旅游业的资金投入。因此，从短期效益分析，产业的投入与产出严重失衡。在这种情况下，体育旅游业本身所具有的"投资少、见效快、收益大"的经济特性难以充分体现。

2. 推进式发展模式

世界体育旅游业有两种发展模式：一种是国内体育旅游向国际体育旅游延伸的常规发展模式；一种是国际体育旅游向国内体育旅游推进的非常规发展模式。所谓国内体育旅游向国际体育旅游延伸发展模式，是一种先发展国内体育旅游，通过国内体育旅游的发展、体育旅游地域的延伸，形成出境体育旅游，然后再发展国际接待体育旅游的模式。从社会经济背景来看，延伸发展模式的引入是内聚式生活消费方式的变化。

中国的社会条件、经济条件和消费条件决定，我国体育旅游业发展只能采用推进发展战略模式。采用这一模式使得我国体育旅游业发展具有以下几个基本的特点：一是体育旅游业发展以基础和资源条件较好的城市为中心，由体育旅游城市向其他地区推进，逐渐形成我国的体育旅游业体系。因此，体育旅游城市便构成中国体育旅游业发展的基本框架。不论是体育旅游资源的开发、设施的建设，还是线路的设置、区域的划分，都是以体育旅游城市为依托的。二是体育旅游资源的开发是以现存的自然与人文景观、体育赛事与体育休闲为基础，由观光型体育旅游资源为主向混合型体育旅游资源推进。因此，目前中国体育旅游目的地大多是由自然景观与人文景观以及高端体育赛事较为丰富的地区所构成的。三是体育旅游的组织方式，是以全程体育旅游路线为主体，由路线型产品向板块型产品推进，逐步形成路线型产品为基础，主题型产品与特种型产品为主体的体育旅游产品体系。四是体育旅游设施的建设以高等级为主体，由高档设施向中、低档设施推进，最终形成以中档体育旅游设施为主体，高、中、低相结合的体育旅游设施体系。

3. 跳跃式非均衡发展模式

体育旅游经济的跳跃式非均衡发展包含两层含义：跳跃式发展和非均衡发展。所谓跳跃式发展是指体育旅游业发展在历史阶段上的超越性，在较短的时间内走完常规发展的历程，这是在时间意义上的发展。所谓非均衡发展是指体育旅游业发展在地区布局上的不均匀状态，使体育旅游业在不同国家或地区的地位与作用不同，这是在空间意义上的发展。

从时间发展的意义上而言，中国体育旅游经济发展应充分利用国情特点，选择跳跃式发展战略，有可能较快地跨越单一的接待海外入境体育旅游者阶段，而进入接待海外入境体育旅游者和接待国内体育旅游者共同发展的阶段，从而形成具有特色的体育旅游产业发展道路。这一判断的依据：一是中国的体育旅游经济基础国情兼具发达国家与发展中国家的双重特征。一方面由于人口众多，造成人均水平的诸多指标在世界各国排序中处于较低水平，表现出不发达的特点；但是另一方面国家整体的经济实力并不弱，产业门类齐全，特别是体育旅游所依托的相关部门已初具规模。

第三节 体育旅游经济的发展动态

一、形成对体育旅游经济发展有利的社会环境

体育旅游热所带来的庞大市场，国家大力培育扶持体育旅游产业发展的良好政策，以及 2022 年冬季奥运会所带来的机遇，都给体育旅游的发展提供了有利的条件。体育旅游经济实现跨越式增长，具体表现为体育旅游经济快速增长、经济实现产业升级以及体育旅游从业人员收入大幅提高。良好的政策环境和良性的社会经济发展态势为体育旅游提供政策市场的双重驱动。

近年来，国家对文化体育事业的发展给予了高度的重视，体育旅游经济也成了现阶段政府鼓励和扶持的对象，依托资源优势，以国际化、标准化、市场化为方向，通过冬奥会场馆和配套建设，推进各类体育旅游项目的实施。并提出了包括税收减免、开办费奖励、重点项目扶持及全程跟踪服务、建设用地划拨、专项基金设置、人才发展规划以及大众创业补贴等在内的全面保障性政策措施体系。这些政策对体育旅游经济发展提供了有力的支持。

为促进区域经济发展和地方产业结构优化，中央及地方政府相继提出了一系列有利的政策。早在 20 世纪 90 年代，国家体委就通过颁布《体育产业发展纲要 1995—2010 年》的政策肯定了健身娱乐业在体育产业结构中的主导产业地位，并要求加强对其的培育与扶植，这也带来了我国体育旅游产业的一个跨世纪发展浪潮，政府推出的各种优惠政策，一系列政策文件的出台和落实，无疑给体育旅游经济的发展创造良好的政策环境，中央和地方政府在政策上的大力支持与引导，也为体育旅游经济的发展提供了强大的政策驱动力。

二、体育旅游经济在体育产业经济中价值凸显

体育旅游经济实现跨越式增长，具体表现为体育旅游经济快速增长、经济实现产业升级以及体育旅游从业人员收入大幅提高。积极开发体育旅游项目，并充分整合区域内的各类旅游资源，鼓励产业合作与产业创新，通过推进其他体育旅游相关产业的发展，来避免体育旅游经济结构的单一化。

（一）经济实现产业升级

体育旅游本身便是由体育经济与旅游经济融合而产生的一种新型的经济模式，其所能形成的产业链可以涉及传统体育产业、旅游产业及其相关的各行各业，能够形成十分发达的产业链体系，如基本的体育产品销售行业、旅游服务行业、交通运输业、餐饮娱乐住宿行业、通信行业、服装行业、食品加工业、建筑业、保险业、金融业等也能够与体育旅游产生紧密的联系，因此，体育旅游经济的发展对于地方产业结构的优化升级发挥着积极的推动作用。

以河北省张家口市崇礼区为例，从最初的以农业为主，到发展以农业生态资源为基础的生态旅游，再到以滑雪项目为核心的体育旅游，这一步步的变化，都推动着崇礼地区产业结构的变革，在保持第一产业正常发展的基础上，从体育旅游中衍生出的一系列配套服务行业也得到了快速的发展，为滑雪旅游爱好者提供了餐饮、娱乐、住宿、购物一条龙式的服务体验，第三产业所占比重逐步加强，并且处于不断的升级发展过程中。仅以崇礼餐饮住宿行业的发展情况为例，体育旅游热度的增加带来了游客量的几何式增长，对于餐饮住宿等基础服务的需求也就有了极大的增加，在庞大的市场需求下，崇礼餐饮住宿行业的发展也就成为必然。

（二）从业人员收入提高

我国人口众多，但就业机会有限。随着时代的发展，就业人数的增加与创造的就业机会的有限之间的矛盾越来越大，对我国经济发展产生了负面影响。体育旅游的发展为人们带来了许多就业机会，为经济发展提供了发展机遇，促进了经济的健康发展。

体育旅游经济的跨越式增长还表现在体育旅游从业人员的收入方面，行业发展的状态在从业者收入变化趋势中往往能够有所体现，行业发展速度从业者收入增长也相对较快，相反地，行业发展不景气，则从业者收入水平也会相对下降，而体育旅游相关行业的发展情况属于前者。从实际情况来看，体育旅游发展对于区域居民收入的增长可谓是做出了不小的贡献。

三、体育与旅游产业深度融合推动体育旅游经济可持续发展

在发展体育旅游经济的过程中，并不应仅仅关注其所带来的短期经济收益，也应体育旅游热所带来的生态环境压力给予高度的重视。在体育旅游经济发展的过程中加大投入进行环境治理、生态保护，加紧绿色能源的开发和利用，在奥运村、主要城区、比赛场地及周边镇村的建设过程中要求采用可再生能源进行供暖，并配置太阳能光伏设施，提供清洁能源，公共交通工具逐步以电力驱动取代燃油驱动，并在主要滑雪旅游场地区域完善配置充电桩等设施，这些都是为实现可持续发展所采取的行动，在未来还将采取更多的措施，为可持续发展的目标而努力，因而逐步实现可持续发展也是体育旅游经济未来发展的必然趋势。体育旅游经济逐步向着可持续发展目标迈进，主要体现在生态补偿机制的逐步完善以及绿色能源的大力开发和利用。在产业全面调整和综合协调发展的作用下，体育旅游经济将最终实现可持续发展的目标。

近年来，国家对于环境保护的重视程度有了极大的提高，对于各类产业的发展都提出了严格的环保要求，人与自然的和谐发展是实现中国经济可持续发展的基础条件。例如，滑雪旅游，以滑雪旅游为核心的体育旅游产业主要是依托自身的山区地形和冰雪资源发展起来的，随着体育旅游热度的上涨，游客数量出现激增，在提升经济效益的同时，也带来了巨大的环境压力，国家对于地方生态环境保护的底线绝不会放宽，在这样的情况下，能否维持环境基础与旅游产业发展之间的平衡就显得尤为关键。2022年冬奥会的举办必然使游客规模进一步加大，届时既要保证大量游客的妥善接待，又要将良好的自然生态风貌展示给全世界的旅游爱好者，这对于体育旅游的发展而言，也是一个重要的挑战。

（一）生态补偿机制

建立生态补偿机制是我国实现自然、社会、经济可持续发展战略目标的必然选择，生态补偿机制就是在发展社会经济的同时，针对经济发展过程中对于生态环境所造成的影响与破坏，积极采取措施予以保护和补偿，确保人与自然的和谐发展。在体育旅游经济发展过程中，也开始重视生态补偿机制的构建，积极响应生态建设的统一部署，关停了一系列高污染的生产企业，除上级支持外，各地每年也会投入大量的资金用于植树造林、水源治理，以及应对旅游热所带来的生态环境压力，生态补偿机制也在逐步地完善建设当中，体育旅游经济也在逐步迈向可持续发展的目标。具体来看，近年来各地全力推动风沙源治理、水源保护林、林场建设等一系列生态工程的建设，要求区域内遵循"边开采、边绿化、边治理"的原则，共同打造绿色矿山，扩大矿上绿化面积；除政府统一绿化工程建设外，还要积极争取各类大型植树造林活动的举办机会。

例如，推动退耕还林工程的进展，制定妥善的生态补偿安置政策，在合理经济补偿基础上，将退耕农户剩余劳动力按其意愿部分转移为林业工作人口，安排护林员、造林工人等岗位，或提供技术培训，使剩余农业劳动力进入旅游相关产业就职，保障退耕农户的经济收入，同时满足体育旅游产业发展对于劳动力的需求，消除生态工程建设与农户退耕所带来的不利影响，保障生态补偿建设的有效性。

（二）绿色能源的开发和利用

随着低碳环保理念逐渐深入人心，绿色能源的开发和利用也成为当前时代的热门话题，各地在绿色能源的开发和利用方面也已经提高了重视。多地在供暖方面统一要求采用可再生能源，核心区域供暖改造工程稳步推进，而太阳能光伏设施也被要求作为所有建筑的强制配套设施予以建设，区域内高污染、高排放的燃煤型锅炉被逐步淘汰，更换为清洁燃料锅炉或电能源设备，大大减少了对能源的浪费和对环境的污染，绿色能源也将得到充分的利用。对绿色能源的有效开发和利用也成了体育旅游经济可持续发展道路上的重要一步。

四、体育旅游经济发展带动专业人才培养和增加就业机会

体育旅游作为一个新兴产业对于人才有着较大的需求，体育旅游产业近年来发展规模呈现出不断壮大的趋势，与此同时人才缺口也越来越明显，众多发展较为快速的城市，对于人才具有强大的吸引力，这也就产生了一定的人才虹吸效应，在其作用下，本地很大一部分具有较高素质的人才流入大城市，而对于外部人才的吸收也受到很大限制，周边城市人才主动来就业的意愿不强，而更大范围的外来人才也大多会选择去往大城市就业，最终的人才数量十分有限，难以满足体育旅游产业发展的实际需求，由此可见，周边城市人才虹吸效应下所带来的人才缺口也是体育旅游经济发展所要应对的又一挑战。

体育旅游产业规模不断扩大带来的不断加大的专业人才需求与行业内专业人才严重缺乏的现状之间存在的突出矛盾，迫使在发展体育旅游经济过程中不得不将劳动力升级提上日程。劳动力升级体现在以下方式：第一产业劳动人口大量向第三产业转化上，投身到旅游行业当中；部分农民配合政府退耕还林工程建设，退耕后接受政府的安置，经过系统的技能培训后到滑雪旅游相关的职业岗位上工作；部分拥有耕地的农民，被体育旅游产业的高收益吸引，将土地流转出去，全职从事体育旅游相关工作。这几种方式共同促进了农业劳动力的

多元转化，也提高了居民的经济收入。劳动力升级另一方面则体现在行业劳动者的素质的提高上，政府加大力度采取多种措施强化劳动者的专业化服务能力，并通过专业化社会培训、高校相关专业毕业生招聘、外部引入行业内专业人员等途径，增加体育旅游专业人才在体育旅游产业劳动力队伍中的比重，虽然现阶段体育旅游产业从业人员中专业化人才的缺口仍旧较大，但相较于往年，专业人才的数量已经有了一定的增加，从业者的专业素质也有了一定的提升，在体育旅游经济发展的需求推动下，体育旅游产业劳动力升级、就业人口专业化的趋势已经越来越明显。体育旅游经济的发展将在未来进一步促使区域劳动力加速升级，就业人口专业化趋势将更为明显。

第六章 体育旅游产业发展体系的构建

　　旅游业在我国国民经济体系中发挥着越来越重要的作用，将体育产业与旅游产业融合发展是不可避免的发展趋势，体育产业与旅游产业融合的过程非常复杂，寻找打破两者之间融合的瓶颈，才能更好地发展，达到体育与旅游交融合作的结果。

第一节 西部地区体育旅游产业的发展与管理

一、甘肃省体育旅游产业

（一）甘肃省体育旅游产业发展概况

1. 山体类体育旅游

　　山地项目主要是依托山地资源开展的体育旅游活动。甘肃省境内山脉纵横，地形复杂，海拔大多数在1 km以上，四周为群山峻岭所环抱，是一个多山的省份，最主要的山脉有祁连山、六盘山、乌鞘岭，其次有阿尔金山、马鬃山、龙首山等，多数山脉属于西北 - 东南走向，重峦叠嶂、山险谷深。从事此类体育旅游者主要喜好探险、登山、徒步。

2. 森林公园类体育旅游

　　森林体验类项目包括森林探险、徒步等。甘肃省的森林主要分布在祁连山、白龙江、关山、西秦岭等地。树种成分复杂，森林资源丰富，沐浴其中给人以心旷神怡的感觉，是天然的森林浴的场所。现代都市人生活节奏很快，生活压力也大，走向大自然面 对着绿水青山，有利于舒缓身心，调节人体内分泌，对人体的健康非常有利。

3. 水体类体育旅游

水上项目主要是依托水体资源所进行的划船、漂流、帆板、帆船、钓鱼等活动。甘肃省水资源主要是黄河、长江、内陆河3个流域。黄河流域有洮河、渭河、泾河湟水等，长江流域有嘉陵江水系，内陆河流域有黑河、疏勒河等水系，流域面积27万 km^2。兰州市作为甘肃省的省会，全国唯一一个黄河穿城而过的省会城市，黄河兰州段的长度就有152 km，流经市区45 km。还有由于地壳的运动形成的天然湖泊，包括人工湖、水库，以及为了美化城市景观、提升城市品位而造的蓄水工程。因此，甘肃省的水体资源得天独厚，水域面积广阔，有利于一些水体项目的开展研发。

4. 温泉康复类体育旅游

甘肃省地热资源丰富，有多个温泉度假村。随着大众健康意识的逐步提高，温泉养生的理念也逐渐深入人心。先后建成了很多集餐饮、住宿、温泉、游泳、户外运动于一体的综合性场所。不同的温泉水含有的放射性物质不同，保健作用和适应证也不同。天然氡矿泉水因子，适应证广泛，放射性元素作用于人体，据有关资料记载，可以有效地改善和加强中枢神经的功能，可以治疗各种皮肤病、心血管病、运动系统疾病、风湿病，能增强机体的抵抗力，对于人体代谢、免疫系统都有重要的生物学作用，是任何人工药物无法替代的。

5. 草原类体育旅游

甘肃地域辽阔，历史悠久，自然风光独特，境内少数民族众多，风土人情各异，是典型的农牧过渡区，气候、土壤、地形、地貌等自然因素的多样性，决定了草原类型多样、区系复杂、牧草种类成分丰富。随着夏季草原旅游的升温，近年来不断开发了诸多草原类体育旅游项目，主要有骑马、射箭、滑草、滑索、骑行、徒步、自驾、野营等。在辽阔的草原上，游人可骑上骏马或牦牛，信步漫游草原，尽情领略牧民的民俗风情。甘肃省的草原类体育旅游资源主要集中在甘南州、定西市、张掖市、陇南市、天水市等。

6. 沙漠类体育旅游

提到甘肃，很多人的印象就是大漠驼铃。因此，沙漠成了甘肃一道亮丽的风景线。沙漠主要穿过的城市有张掖、嘉峪关、酒泉、武威。沙漠里能够进行的体育项目也有很多，近些年来开发的有滑沙、沙漠摩托、沙疗等。

7. 滑雪类体育旅游

随着甘肃省居民生活水平的不断提高，人们的业余生活逐渐丰富起来，以前只有在东北才有的运动项目，随着造雪设备的逐渐介入，使很多有天然地形的地区在冬季也开始发展冰雪运动，近年来成了休闲体育运动的新宠。人们置身于冰雪世界，既能锻炼身体的灵活性、平衡能力，又能在寒冷的环境下锻炼机体的抵抗能力。

8. 冰川类体育旅游

透明梦柯冰川位于甘肃省肃北蒙古族自治县境内，于 1959 年被中国科学院高山冰川研究站的专家发现，又称 12 号冰川，是目前中国西北地区即将开放的最大的极大陆型山谷冰川，最高处海拔 5483 m，坡度平缓，没有雪崩危险，安全系数较高，属于可以游览型的冰川。

9. 滑翔类体育旅游

1987 年，法国最先通过气象卫星发现了嘉峪关的上升气流，有利于开展滑翔类的体育项目，并与澳大利亚和南非并称为三大开展滑翔运动的理想场所。刘家峡滑翔基地地处内陆干燥区，年降水量少，一年中飞行天数达到了 300 d 以上，有着良好的开展滑翔运动的先决条件。

10. 体育赛事类体育旅游

体育赛事在促进社会经济发展、社会进步领域的特殊作用在世界范围内得到了普遍的认可。随着甘肃省的区位优势越来越明显，知名度在国内外不断地提升，近些年举办了很多有一定影响力的体育赛事。例如，2021 年 1 月 18 日 -2 月 8 日在甘肃省白银市举办的 2020-2021 赛季全国越野滑雪锦标赛、冠军赛，2021 年 5 月至 12 月，由甘肃省各市（州）、县（市、区）承办的第三届全民健身运动会，以及 2021 年"陇越骑联"甘肃省自行车长征赛等。

（二）甘肃省体育旅游产业存在的问题

1. 体育产业专业人才缺乏

体育人力资源与旅游人力资源的互补机制有待完善提高，引进体育旅游专业人才的相关政策不够合理，缺少既懂体育又懂旅游的复合型人才。

2. 特色赛事旅游文化缺乏

甘肃省文化底蕴深厚，名人众多，如伏羲、李广、姜维、李世民等。随着甘肃省知名度的不断提高，体育赛事的级别也逐渐提高，其中兰州国际马拉松赛一度跻身为国内马拉松十大金牌赛事之一。其余各地也举办了很多具有一定规模的比赛，如天水市李广杯国际射箭比赛，崆峒国际武术节暨甘肃传统武术锦标赛等，但都因为没有相应的体育赛事文化作为支撑，造成赛事举办后缺乏延续效应。

3. 缺乏统一的管理，产业化水平低

甘肃省体育旅游资源开发的预见性和科学性不强，市场商业化运作程度较低。甘肃省缺乏专业的体育旅游企业，旅游产品单一，缺乏新颖度。餐饮、住宿、服务区建设、自驾游配套服务产业还不够完善，具有当地特色的体育旅游产品缺乏深度的挖掘。

4. 场地器材缺乏，健身区域配置不均衡

甘肃省各地的体育场地器材分布不均，不能满足各种年龄段人群的需要。在这种情况下，往往因为没有合适的产品而取消某些活动。体育运动设备形式单一，安全性较低，内容陈旧，趣味性不强。

5. 景点不集中，设施不全，宣传力度不足

甘肃省旅游景点比较分散，景点之间相距较远，交通设施不够健全。有些景区道路甚至崎岖难行，旅游配套设施不完善。有些景区餐饮种类少、价格昂贵，没有专门的用餐场所，大大降低了游客的体验度和重游率。没有利用先进的媒介对于当地的体育 + 旅游资源进行推介宣传，知名度较低。

（三）甘肃省体育旅游产业发展的对策

1. 加快市场产业化发展

目前，甘肃省的汽车市场潜力巨大，应加快甘肃省范围内自驾车、房车营地的建设，完善相关的配套设施，建设有当地特色主题文化旅游服务区（武都服务区以油橄榄为主题、定西服务区以马铃薯为主题、兰州服务区以马拉松为主题、武威服务区以铜奔马为主题等）。

2. 健全体育产业专业人才培养机制

在省内各大专院校开设与体育旅游相关的课程专业，通过校方和当地企业合作培养一批具有专业化水平的体育旅游人才队伍。

3. 提高体育旅游产业环节中的服务水平

健全甘肃省各大旅游景点交通引导标识的统筹建设，建设游客集散中心、咨询中心，提升各地旅游专线的运营水平，增加旅游景区体育休闲设施的配置。充分利用手机 App、抖音、微信等媒体平台，加大当地体育 + 旅游产品的宣传营销力度，培育一批具有影响力的网红产品。

4.依托当地名人景点、区位优势打造特色赛事文化

在兰州马拉松公园里建一个迷你马拉松赛道，3 km 或 5 km，让游客能随时体验马拉松带来的乐趣。尝试建设兰州马拉松主题文化小镇。打造平凉崆峒养生谷，把道家的武术和养生理念有机结合起来。尝试建设李广小镇，把李广射箭文化融入其中。各地打造相关的体育赛事品牌，有利于增加当地的知名度和赛事举办后的延续效应。

5.加快配建全民健身场所提高群众的健身意识和能力

新建社区和居住区要严格落实"室内人均建筑面积不低于 0.1 m^2 或者室外人均用地面积不低于 0.3 m^2"标准配件全民健身设施，确保与住宅区主题工程同时设计、同时施工、同步投入使用，加强场馆对于公众免费开放的力度。

二、青海省少数民族体育旅游产业

青海省的民族传统体育历史悠久，长期以来在青海省农牧区各民族之间的交流、相互影响，逐渐形成了一些各民族共同喜爱的健身娱乐项目。形成了开展活动以民族传统体育为主，其他健身娱乐项目为辅的格局。

各民族共同喜爱的项目如下。

①赛马。赛马是全省农牧区各族群众展示强健体魄、骑术精湛、生活幸福的重要活动之一。

②射箭。射箭活动也是青海省农牧区深受喜爱的健身娱乐活动。在进行射箭竞技的同时，举办各种民族歌舞联欢，以增进当地群众之间的友谊。仅海南州就有 6000 多人经常参加有组织的射箭竞赛活动。

③摔跤。摔跤体现着强者风范，以藏族、蒙古族、回族等民族最为喜爱，田间、地头、麦场、体育场时常在举办各种层次的具有各民族特色的摔跤竞赛活动。

④武术。青海的武术运动主要在回族、汉族聚居地区发展，藏族也有本民族的传统套路。各种流派高手如林，流传数十种拳术，参与习武的各族群众人数众多，热情极高。

⑤其他。除了上述以外，还有浓郁各民族特色的如藏族、蒙古族的赛牦牛、骑马点火枪、赛骆驼、押加，土族的轮子秋，回族、撒拉族的打蚂蚱、拔腰，等 30 多项深受各族群众喜爱、流传较广的体育健身项目。

随着西部大开发战略的实施，各族群众生活水平的不断提高，参加民族传统体育健身活动的人数逐年增加，仅果洛藏族自治州每年参加各级组织的民族传统体育健身活动的人数就达 5 万多人次。

（一）撒拉族体育旅游产业的发展

撒拉族传统体育是随着撒拉族民众生活实践和劳动而发展起来的一种民族体育文化形态。它的延续与发展，与撒拉族的语言习俗、岁时节日、生活习惯、伦理道德、宗教信仰、行为准则、价值观念、思维方式、思想意识、心态感情等联系在一起。不仅仅是撒拉族的群众在情谊等方面进行交流的重要途径，也是构成传统体育的一个主要部分。

青海循化撒拉族自治县在体育旅游方面具备了文化传承的一定要素，不过在相应的设施方面却无法满足行业发展需求。由于在该行业中起步较晚，且开发的速度也一直处在较低水平，在相关设施的建设方面也没有较大进展，而且没有具备专业知识及技能的人员的参与，整体服务水平参差不齐，相关产品的类型也比较单一，没有真正发挥出民族特色，更没有树立起品牌。

（二）蒙古族体育旅游产业的发展

青海省的自然环境及地理位置等都比较优越，而且拥有非常多样的少数民族资源，这些有利条件都能够对其传统体育行业的发展起到促进作用。国内经济发展态势良好，且我国在国际上拥有了更高的地位，再加上我国推行的各类政策更加完善，外部环境的改善，让蒙古族的传统体育具备了新的生命力，其历经了漫长的发展过程，且参与规模较大，到现在仍旧留存着很多的运动，如赛马等。

青海省在体育旅游方面，进入市场的时间较短，根据其当前发展的情况，虽然在发展趋势方面呈现出上升态势，不过在政策、区域等相关因素的综合作用下，蒙古族的休育旅游还没有发展到较高水平，需要在今后的发展中慢慢摸索，渐渐完善，才能够得到更好的发展。这几年，蒙古群众开展的"那达慕大会"对外地的群众产生了较大的吸引力，进而加深了其与外部的沟通及交流，也使商贸、游客体验等方面得到了提升。而且其所包含的赛马、射箭等活动均有着较高的实践性和体验性，将其融入体育旅游中，能够让游客有更高的参与度。

（三）藏族体育旅游产业的发展

藏族是青海省少数民族当中占人口比例最多的民族，藏族传统体育是在群众开展劳动的基础上形成的。藏族传统体育项目至今仍然具备比较完整的原始风貌，这与其所处地理位置及文化等方面有着很大的关系。受到各因素的共同作用，其融入当代社会的程度不高，且在创新及趣味性等方面也跟当代社会需求相差较远，所以很难产生较强的吸引力。在城镇化深入推进，社会经济水平提升的整体发展趋势中，该类运动即便是在藏族聚居区也很少有机会开展，专门的赛事更是非常少。这就导致相关的运动项目无法获得向外发展的渠道，只是在藏民族中开设的较为广泛，整体受众规模较小，该情况对于藏族传统体育发展而言，是其所面临的最大难题。

当前，从事相关行业的人员有两类：一是直接从事者，如运动员等；二是教授者，如教练员等。受到经济等因素的限制，现在的从业者数量过少，因此很难对传统运动进行完整的传承。具有发展前景的项目，也需要通过更加广泛的宣传，才可以让更多的人了解并喜爱。

藏族传统体育是我国体育文化的重要组成部分，包含着丰厚的文化底蕴，同时在未来也有着不错的市场前景。藏族传统体育历经了五千多年的演变历程，汇集了中华人民的智慧，是非常宝贵的文化遗产，且能够对藏族的民族特征进行充分的体现。藏族人经常会举办赛马、摔跤、锅庄舞、赛牦牛、"朵加（抱石头举重）"等各种大型的活动，弓箭项目更是融合了不同民族的文化，是历史进程中各民族不断交流融合的产物。

第二节　环渤海地区体育旅游产业的发展与管理

一、北京体育旅游产业

（一）北京市体育旅游环境分析

1. 北京市旅游业发展环境

随着经济的不断发展，居民的可支配收入稳步增长，消费结构不断优化升级，健康观念也逐步提升。与此同时，随着国家基础设施建设的不断完善，出行变得更加便利，旅游消费得到进一步释放，为旅游业的发展奠定了良好的基础。北京作为全国文化中心，以其得天独厚的历史文化因素和区位优势，成为众多旅游爱好者的旅游首选之地。

体育是旅游产业发展的主要资源，旅游是推动体育产业发展的重要动力，通过旅游产业和体育产业的交叉融合形成的新兴的体育旅游产业形态对于拓展旅游消费空间、推荐全民健康理念的普及、推动旅游产业和体育产业的提质增效具有重要意义，是培育经济增长新动能的重要方式。基于对旅游业的重新定位，北京的旅游业迎来新的发展机遇。旅游业与体育等相关产业的融合和协同发展进一步增强，一批体育产业和旅游产业重大项目的推进，为北京市体育旅游产业的发展提供了新的契机。

（1）城市发展影响深远

"人文北京、科技北京、绿色北京"理念的提出，对北京未来经济发展方式的将产生至关重要的影响，北京作为全球世界文化遗产最多的城市，具有极其丰富的旅游资源，旅游业作为低碳环保、高附加值的产业，与北京城市发展思路不谋而合，"智慧北京"理念的提出和"智慧旅游"发展平台的建设，将为北京市旅游业的专业化、高效化发展奠定基础。

（2）交通网络建设加速

随着北京市高速公路、高速铁路、机场、车站、码头等旅游交通基础设施加速发展，现代综合交通运输体系不断完善，"快进""慢游"的旅游交通基础设施网络逐步形成，宾馆饭店、景区点等旅游接待设施建设加快，旅游投资持续升温，旅游供给不断增加，将拉动旅游消费快速增长。铁路运输方面，我国以北京为中心，加快建设高速铁路网络，最终建成以北京为中心的"八横八纵"高速铁路网，形成以北京、上海等特大城市为中心覆盖全国、以省会城市为支点覆盖周边的高速铁路网，实现相邻大中城市间 1～4 h 交通圈，城市群内 0.5～2 h 交通圈；航空运输方面，将进一步完善首都机场功能，北京大兴机场一期工程建成后，将成为亚太地区重要的复合型国际交通枢纽。高效便捷的出行方式，四通八达的交通运输网络和完善的交通运输基础设施，将大大缩短国内外游客与北京的时空距离，提高了旅行的舒适性，进一步增强北京地区的旅游吸引力，为北京市旅游产业的发展打下了坚实的基础。

（3）国际知名度的提升

随着北京奥运会（2008 年）、北京国际园林博览会（2013 年）、APEC 领导人会议（2014 年）、世界田径锦标赛（2015 年）、"一带一路"国际合作高峰论坛（2017 年）、中非合作论坛北京峰会（2018 年）、北京国际旅游节（2018 年）等一系列具有重大国际影响力的赛事和活动的成功举办，北京作为中国向世界展示我国改革开放和现代化建设成就的首要窗口，其国际知名度和影响力大大提升，基础设施完备程度和城市精细化管理水平日益提升，为北京体育旅游产业的发展提供了崭新的发展机遇。

2. 北京市体育旅游资源

2008 年北京奥运会的成功举办，不仅建设了一批世界最高水平的体育场馆，而且也带动了包括房地产、旅游服务、环保、电子信息产业等许多相关产业的发展。北京奥运会的基础设施遗产有利于举办高水平的国际体育赛事，吸引了一系列国际赛事的入驻，如北京国际网球公开赛、北京马拉松赛、环北京职业公路自行车赛事等。这些国际赛事的举办吸引了大量的体育旅游观赛者，并带动了相关餐饮、住宿、娱乐、体育运动装备等周边产业的发展。

由于北京得天独厚的区位优势，北京还拥有体育运动、山地户外运动、高尔夫运动等丰富的体育旅游资源。北京冬天滑雪资源丰富，目前有十多家大型滑雪场，北京与张家口在2022年举办冬奥会的利好消息，唤起了游客滑雪健身的极大热情，新一轮大众滑雪的高潮即将来临。2008年北京奥运会留下的体育场馆丰富和完善了夏季运动项目的场馆设施，而为2022年北京冬季奥运会筹备兴建的国家速滑馆、跳台滑雪场、越野滑雪场和冬季两项中心，将进一步完善北京冬季体育项目场馆设施，冬奥会之后将充分利用这些场馆资源，将其建设规划为比赛场地和体育爱好者的休闲娱乐场所。冬奥会中配套的奥运村和媒体驻地，赛后将改建为旅游酒店或公寓，完善的基础设施和配套服务将进一步增强北京体育旅游产业对游客的吸引力。这些资源为北京体育旅游产业的发展提供了良好的条件。

（二）北京市体育旅游产业发展的建议

北京市体育旅游产业发展的总目标是为实现体育旅游产业系统的可持续发展，即通过打造良好的体育旅游产业生态环境，利用体育旅游产业的发展激发经济发展活力，推动相关产业升级转型，带动社会经济的绿色协调发展。由于系统的复杂性，其发展受众多要素影响，因此，在分析过程中考虑各种政策变量对系统发展的影响更具有针对性和现实指导意义。参数主要包括常数、表函数及状态变量初始值，政策变量可以是模型中的任意参数，不同位置上的参数对模型的灵敏度也不一样，灵敏度高的参数通常也可称为政策杠杆点。

通过因果反馈图和仿真模型的分析可知，政府通过产业规划、产业政策和监管等方式对体育旅游产业系统的运行发挥作用；市场通过需求差异和预期性市场需求影响体育旅游产业系统发展的"宽度"和"速度"；企业的规模、产品以及营销水平影响体育旅游产业系统的提升；关联产业通过产业集聚、产品多元化拓展体育旅游产业系统范畴。因此，选取政府管理效益、国内游客数量变化率、企业费用变化率作为政策变量进行分析，从政府、市场、企业和产业四个方面为北京市体育旅游产业的可持续健康发展提出相关建议。

1.积极发挥政府的主导作用

政府作为体育旅游产业发展的服务者、管理者，其管理职能的发挥、上层制度框架的搭建深刻地影响体育旅游产业的健康发展。政府管理效益指标综合评价了政府组织人事、资源占用、宏观经济政策、旅游管理、服务水平和工作效率等方面，由该指标公式构成可知，数值越低，代表政府管理效益越高。政府管理效益的高低直接影响着北京体育旅游产业发展的宏观环境。政府旅游管理效益指标的降低，说明政府在体育旅游产业宏观管理水平的提高。

随着政府管理水平的不断提高，整个系统处于良性循环的状态中，促进了整个体育旅游产业系统的经济效益和社会效益的双重增长。因此，政府应充分把握体育旅游产业市场的发展机遇，规范体育旅游产业市场秩序，贯彻落实"创新、协调、绿色、开放、共享"五大发展理念，从根本上改善体育旅游产业发展环境，激发体育旅游产业发展活力。

（1）创新发展

创新发展是指在体育旅游产业发展的过程中以转型思维促进创新，以创新机制推进转型，在发展中推动经济发展转型升级，形成以体制创新为内核、以模式创新为路径的发展模式，带动体育旅游产业的转型升级，推动北京市以及京津冀区域的社会经济整体良性可持续发展。

1）体制创新

体制创新是体育城市创新发展的关键，政府是体制创新的主要推动者。体制创新的落实需积极发挥改革的推动作用、法治的保障作用。要建立政府宏观调控模式下的市场机制主导的产业资源开发、利用与利益分配机制，拓展多渠道的投融资环境；要建立高效率的体育旅游产业协调和对话机制，化解和协调不同产业与多部门之间的利益矛盾，进行管理部门的重建与重组，破除行业壁垒、扫清政策障碍，形成有利于体育旅游产业快速发展的政策体系，实现体育旅游产业融合、业态创新的实质性进程。

2）模式创新

模式创新为实现体育旅游产业创新发展的重要方式，体育服务综合体、体育小镇等为区域体育旅游产业的创新提供了重要支撑。体育综合服务体是工业时代城市空间的延续，主要是指城市中具备办公、娱乐、交通、文娱、餐饮、住宿等功能的街区群体。《体育发展"十三五"规划》指出，体育综合服务体将带来城市体育场馆与住宅、商业和休闲等业态的深入融合，为居民参与体育竞赛、体育健身和体育培训提供配套服务，有效延伸了服务产业链，将体育场馆从单纯的体育竞赛场所转变为集经营、公益和竞赛于一体的综合服务实体。城市体育服务综合体作为城市进步的一种体现，既是普及全民体育健康观念的重要载体，也是加快体育旅游产业发展的增长点。除了体育场馆设施之外，任何对体育旅游消费者有吸引力的有形资源和无形资源都可以成为体育旅游发展的载体，如体育旅游人文景观、城市公园等。发展以体育旅游为主题的城市综合服务体，能够将商业、文化、旅游、体育等要素有机融合，带动相关产业的发展，辐射北京周边乃至整个京津冀地区。随着旅游周边元素的集聚和融入，在城镇发展过程中形成了体育旅游的新兴业态——体育特色小镇，为北京市体育竞技的发展提供了新的契机。体育旅游小镇以体育业和旅游业作为两大发展支柱，在政府引导下通过引入民间资本，以休闲文化消费和人口聚集为手段，通过完善基础配套设施，以体育旅游、体育赛事和体育表演为吸引点，通过将传统体育元素与现代娱乐、科技原色的有机融合，延伸体育旅游产业体系，为服务业发展提供新的动能。

（2）协调发展

协调发展指积极推动体育旅游产业与城市经济社会协调发展，推动北京市和周边地区乃至京津冀地区的产业联动发展，不断增强体育旅游产业发展的协同性，促进体育旅游基础设施、体育旅游产业政策、体育旅游人才的协调发展。

1）区域体育旅游产业协调发展

体育旅游产业地域特征显著，北京市在发展过程中要着眼于更加大的空间范围，在区域分工中找准自身产业定位，发挥比较优势，有侧重点、有层次、有阶段的促进旅游产业的发展。通过合理分工和相互协同，使得北京市体育产业能够实现和周边地区的协同发展、良性循环和共同进步，将体育旅游产业打造为北京市经济发展的新引擎。

2）体育旅游产业软硬环境协调发展

早在2014年，国务院颁布的《关于加快发展体育产业促进体育消费的若干意见》（国发〔2014〕46号）中明确指出要不断完善基础设施，实现产业基础更加坚实的目标。体育政策体现的是政府为体育旅游产业发展所提供的软环境，而体育旅游产业发展所需的基础设施则体现了体育旅游产业发展的硬件环境。体育旅游产业的健康可持续发展和城市产业结构的优化，需要软、硬环境的相互协同、相互影响。体育旅游产业政策的制定对于体育旅游产业的发展具有重要的导向型作用。

在体育旅游发展过程中，要坚持合理规划、科学指引，严格按照既定的产业规划，在充分考虑北京市软硬件条件的基础上，注重体育旅游资源的环境承载力，推动体育旅游产业的绿色健康发展。通过改善基础设施，提高城市运营效率，拉动投资和消费增长，扩大就业，促进北京市乃至京津冀区域体育旅游产业的发展，对推进北京市及京津冀区域经济调整和发展方式转变具有重要意义。

3）体育旅游产业人才供需协调发展

体育旅游产业的发展离不开人才支撑，人才培养的质量与数量应与体育旅游产业的发展相协调。体育旅游产业业态的迅猛发展，体育旅游营销、体育场馆管理、体育旅游宣传和体育旅游经济、户外体育旅游运动指导、体育旅游设备器材等专业领域对人才的需求迅猛增长。体育旅游产业的发展需要巨大的人才支撑，其作为朝阳产业，需要补充大量的专业人才。体育旅游产业门类多、转型也较强，因此，体育旅游人才培养体系建设成为体育旅游产业能否实现可持续高质量发展的重要影响因素。

鼓励有条件的高等院校设立相关专业，加大人才培养投入，开展各类职业人才培训和体育经理人培训。通过校企合作的方式，多渠道培养体育旅游发展的复合型人才，支持退役运动员接受就业再培训；加强体育旅游产业人才培养的国家合作；通过建立体育旅游产业研究智库，完善体育旅游产业理论研究，形成产学研相结合的人才培养体系；政府部门和用人单位完善人才奖励机制设置，对于体育旅游产业创新创业人才，提高扶持力度，加强政策、资金等全方位支持。

（3）绿色发展

绿色发展是体育旅游产业持续发展的必要条件，可分为绿色生产、绿色消费、绿色管理三个维度。

1）绿色生产

绿色生产指从生态角度完善体育旅游产业链，实现体育旅游产业均衡发展、节约发展、低碳发展、清洁发展、循环发展和安全发展。牢固树立绿色产业发展理念，加大产业科技投入，利用清洁能源和可再生能源，提高资源利用效率，节约资源能源损耗，建立循环发展体育旅游产业体系，循环利用资源和废弃物，加大开拓和发展体育旅游产业的深度和广度，提升体育旅游产业链的附加值。重视生态安全，将体育旅游产业系统作为一个完整的生态系统来进行规划和管理，在北京市体育旅游产业开发过程中切实维护生物和生态的多样性，不断扩大绿色生态空间比重，构建科学而合理的生态安全格局，使体育旅游产业的发展过程与城市的资源、能源、环境和生态的承载能力和涵容能力相符合，与北京市的社会发展水平相协调，与城市化水平相适应，实现经济效益、社会效益和生态效益的长效增长。

2）绿色消费

绿色消费是以保护环境、节约资源、促进健康为主要特征的消费行为的总称。生产决定消费，消费会反作用于生产。通过培养居民的绿色消费理念，能够进一步带动体育旅游产业的发展，体育旅游消费者是体育旅游产业发展中不可或缺的关键环节，消费者的绿色消费理念是体育旅游产业可持续发展的重要保障。在消费内容方面，政府应该积极倡导消费者在体育旅游消费过程中注重对环境的保护，引导消费者在崇尚自然与追求健康的过程中，保护生态环境、节约资源和能源，在追求现代舒适生活的过程中，通过践行体育旅游等绿色消费理念，促进居民消费和社会生态可持续发展的和谐统一。

3）绿色管理

政府作为引领体育旅游产业绿色发展的关键主体之一，为体育旅游产业的绿色发展提供相应支撑力。政府应结合体育旅游产业的实际发展情况，加强绿色发展理念方面的引导与体育旅游产业政策规划和法律规章的规范，引导体育旅游产业发展，明确相关法律主体的责任和义务，制定实施推动配套的优惠政策，积极推动体育旅游产业的发展。

（4）开放发展

经济发展新常态带来各项新任务与新挑战，唯有坚持开放的发展理念，形成全方位开放的新格局，才能赢得体育旅游产业的发展和竞争的主动权，从而带动北京市乃至京津冀地区经济发展的转型升级。开放发展包含产业的开放、领域的开放、区域的开放、国际开放等全方位开放，不断拓展体育旅游产业发展新空间。

1）产业开放

产业开放指体育旅游产业内的企业向其他组织，包括消费者、供应商、竞争者、相关技术型企业、大学、研究机构、政府的开放和互动，实现体育旅游产业对内外部资源的有效利用。通过构建体育旅游产业开放式体系，形成强有力的创新集聚，通过开放式平台的知识共享、知识学习和知识创造，强化和提高各主体以及整体的创新能力，实现政产学研用各主体在体育旅游产业开放体系中的作用。

2）领域开放

领域开放指通过对体育旅游产业的商品市场、资本市场、技术市场、劳务市场的开放，把体育旅游产业拓宽到基础设施产业、保险、金融等其他产业和领域。积极拓展体育旅游产业内容，丰富旅游产业链，促进体育旅游产业与养老服务产业、文化创意创业和教育产业等其他产业的融合发展。通过旅游基础设施和旅游服务综合体的建设，全方位引进地产、交通、食品、住宿等元素，支持企业开发体育旅游周边产品，鼓励可穿戴运动设备、运动功能饮料和食品、营养保健食品的生产和营销。在条件允许的地方建立徒步穿行基地、骑行基地、汽车露营基地和船舶码头基地等设施。以消费者需求为导向，创造性为消费者提供多层次、内容丰富的体育产品和服务，在满足消费者的各种潜在需求的过程中，不断发掘行业新的经济增长点，改善体育旅游产业布局，优化产业结构。

3）区域开放

区域开放指利用北京市的地缘优势，不断拓展区域发展空间。把体育旅游资源开发与区域空间开拓结合起来，提高体育旅游产业在第三产业中的战略地位，制定区域体育旅游产业发展规划，统筹区域体育旅游产业发展。可通过与周边区域共建研究机构、共建协同创新中心、共建经营实体等区域开放模式实现区域间的体育旅游产业发展，形成强大的区域竞争力和影响力。

4）国际开放

国际开放指积极借鉴国际体育旅游产业发展先进理念与方式，充分吸纳国际资本、技术、管理经验和高素质人才等资源。加强国际对外开放，探索国际合作途径。此外，可通过与国外高校或科研机构合作开发、与国外创业企业合作、加入海外体育旅游创新网络等合作方式加强与国际体育旅游产业的交流合作，不断扩大北京市在国际体育旅游市场影响力。

（5）共享发展

产业资源的高效利用关键在于通过对产业资源的优化配置，实现资源共享，充分发挥地区比较优势，完善资源共享体制建设，促进资源向关键区域和重点环节集中，为体育旅游产业的发展提供源源不断的动力支持。体育旅游产业的发展所带来的北京市社会、经济和生态环境等多方面的改善将有助于发展成果的共享。

1）资源共享发展

①建立与完善体育场（馆）的资源共享机制。资源共享机制完善可以通过在北京市与其他城市共同承接举办国内外大型体育赛事来实现，大型体育赛事的承接，对北京市与其他城市主要的大型体育场（馆）的结构布局进行重构，盘活区域内体育产业的现有存量资源，同时进行增量资源的科学配置。在北京市原有的体院场馆资源的基础上，着眼于整个京津冀地区的场馆资源，充分发挥各场馆的互补性优势，在科学研究和充分论证的基础上，对体育场馆资源进行优化配置。

②建立与完善体育旅游产业的人力资源共享机制，充分利用体育产业人力

资源的开发和建设，逐步建立起完善的体育旅游专业人才认定标准，建立完善的资格认证制度，规范体育旅游产业劳动力市场，完善体育旅游产业从业人员培训体系，为体育旅游产业的发展提供源源不断的人才支持。搭建人力资源共享服务中心，作为一个独立运作的运营实体，引入市场运作机制，服务产业发展，通过服务创造价值。

③建立与完善的体育旅游产业信息资源共享机制，包括市场价格机制、市场供求机制、市场信息传递机制、政策保障机制、动力机制和监督机制。在北京市体育旅游产业信息资源共享机制的完善过程中，应坚持以资源共享为原则，搭建专业的信息共享平台，保障各类信息在北京市与其他城市与地区的体育旅游产业之间交流的畅通。

在体育旅游产业发展过程中，在资源优化配置的基础上，推动体育旅游市场一体化资源共享机制的建立，在区域资源整合的基础上，建立正式或者非正式的市场一体化商业联盟，构建京津冀跨区域市场联合体，共享基础设施、消费群体和营销网络，实现体育旅游产业一体化发展。

2）发展成果共享

体育旅游产业发展成果共享，是指随着北京市体育旅游产业的发展所带来的对北京市的社会、经济和生态环境等多方面的改善和促进作用。体育旅游产业的发展将促进北京市基础设施的不断完备和升级，城市道路、体育场馆、体育公园、健身设施等基础设施的建设，将有利于改善北京市道路交通状况，提高城市的可达性，为各项经济活动的开展提供硬件条件。通过合理配置公共资源，提高公共服务的质量，丰富公共服务的内容，使更多市民享受到多样的城市公共服务，改善市民生活条件，提高市民参与体育锻炼的便捷性，改善市民体质。体育旅游产业的发展有利于北京市生态环境的优化，推动经济、社会、生态的协调发展。体育旅游产业效益具有辐射关联性，通过其社会辐射力和穿透力，关联引动其他产业的发展，不断拓展广度和深度，为市场主体提供多种发展的可能性，带动整个京津冀地区产业结构的优化升级，形成区域经济新的增长引擎，充分发挥体育旅游产业在吸纳就业人口方面的优势，提高市民生活水平和生活质量，实现体育旅游产业发展成果的共享。

2. 构建体育旅游产业集群

北京市体育旅游产业的发展需以"产品多元、产业集聚"为指导，合理布局，积极打造体育旅游集中示范区，对接体育产业基地和旅游功能区，积极争取相关政策支持，进一步拓宽融资渠道，获得竞争优势，为体育旅游产业的持续健康发展奠定坚实基础。

（1）建构体育旅游产业集群的优势

体育产业的综合竞争力能够通过培育企业创新能力来实现，而体育旅游产业集群的出现能够有效提升集群中企业的创新能力。产业集群效应在加剧了产业内部现有企业竞争压力的同时，也提供了企业之间相互学习和资源共享的机会。因此，为了适应不断出现的新的需求，抓住转瞬即逝的市场机遇，集群内企业应利用相互毗邻的地理位置的优势、较低的交流成本以及行业内的龙头企业在产品设计、品牌塑造和市场营销等方面的优势，带动整个行业在市场营销、产品设计、运营管理等方面的创新与进步，形成技术和知识的"溢出效应"。产业内的企业通过进一步加强合作，互通有无，企业之间的竞争合作和协同发展理念得到进一步加强与深化，从而推动体育旅游产业的进一步发展。

体育旅游产业集群的出现能够打造特色鲜明的区域品牌，从而形成品牌效应，进一步增强产业核心竞争力。产业集群内相关企业在相互合作与竞争中围绕核心产业和周边服务形成的协同发展和交互合作关系，对于培育有代表性的区域体育旅游服务项目和打造标志性的区域体育旅游品牌具有至关重要的作用。

例如，马尔代夫运动休闲旅游、巴厘岛的热带风情旅游，阿尔卑斯山的滑雪旅游等，都成为一个国家或者地区特色鲜明的体育旅游项目，享誉世界。区域品牌建设需要专业的服务和完善的体育旅游设施作为支撑，这一切都有赖于雄厚的资金和高质量的人才队伍提供支持。通过产业集群效应，在资金投入、市场营销、人才培养和基础社会建设方面，都将获得坚实的支撑与保障。区域体育旅游品牌效应的影响更加深远、广泛持久，从而增强体育旅游产业整体竞争力，在提升区域形象、提高城市知名度、开拓海外市场方面，将会发挥更大的竞争优势。

体育旅游产业集聚可降低企业成本，提高资源利用效率。产业集群带来的地理聚集效应，使得政府将会进一步加大该区域的交通网络和公共基础设施建设；完善的基础设施和发达的交通运输网络将会吸引更多的企业落户该地，从而形成良性循环。同时，产业内的企业可以共用本区域内部的公共基础设施，进一步提高公共资源的利用效率。产业聚集效应将会带来人才集聚效应，从而形成区域性人才市场，企业可以按照业务发展需求，高效便捷地获取本企业需要的人才，进一步降低企业人力资源成本。

（2）北京市体育旅游产业集群发展模式

产业集群发展模式有多种类型，根据北京市的体育旅游产业发展现状，现阶段的产业集群发展模式着重考虑区域品牌型和龙头企业带动型。

北京市龙头带动型产业集群发展模式。在统筹安排的基础上，通过充分的市场调研和挖掘，积极培育发展潜力大、创新能力强、品牌美誉度较高的大型体育旅游企业，充分发挥其龙头企业的辐射带动作用，引导龙头企业与其他中小企业加强协作与交流，提高中小企业提高创新能力与运营能力，不断丰富体育旅游产业产品，延伸体育旅游产业链，在双赢中实现体育旅游产业系统内各要素间良性互动和可持续发展。

区域品牌型体育旅游产业集群发展模式。在该模式下，体育旅游的开发以资源为基础，以特色为根本。我国幅员辽阔、四季分明、地形多样、民族特色文化显著，以特色鲜明的资源为依托是未来我国体育旅游产业发展方向之一。

因此，体育旅游产业之间的竞争将逐渐从景点竞争和线路竞争趋向区域联合竞争阶段。知名区域品牌将成为未来各地体育旅游产业发展的核心竞争力，区域内部一批实力雄厚，特色鲜明、布局合理的企业将会引领体育旅游产业的集群化经营和发展。充分利用区域内的体育资源，着力打造地域品牌，通过企业的强强联合，丰富体育旅游产品，延伸体育旅游产业链条，推进体育旅游产业集群化建设，真正让"冷资源热起来、热资源火起来"。北京市获得2022年世界冬奥会的举办权，北京市应充分利用自己得天独厚的优势，积极打造体育旅游区域品牌，推动体育旅游产业集群发展模式，促进体育旅游产业快速健康可持续发展。

3. 提高体育旅游企业管理水平

加强旅游企业的企业管理工作，可以有效提高企业的盈利水平。现代信息技术的发展将给体育旅游企业管理带来全方位的革命性影响，这种影响主要体现在对体育旅游组织结构的调整、市场营销方式创新以及产品结构的完善等方面。

（1）调整体育旅游组织结构

体育旅游企业应顺应信息化的发展趋势，加快企业管理信息化、智能化、数字化，大胆创新，积极引入国际先进的企业管理办法，建立与国际市场相适应的体育旅游企业管理和运作体制。在体育旅游企业发展趋于全球化、市场化和信息化的时代背景下，企业内部管理组织将呈现出追求网络化、扁平化、柔性化的发展趋势。

此外，通过计算机网络技术，体育旅游企业之间可以通过动态联盟模式，实现数据资源共享，将原本分散的资源、技术和信息进行高效整合，在降低企业运营成本的同时，最大限度地发掘消费者需求，抓住转瞬即逝的市场机遇，提高体育旅游行业整体市场表现。依据市场需求，将体育旅游功能要素进行动态联盟，选择最优的资源合作方案使系统中各种资源动态组合为共同完成任务的功能体，提高资源的利用率，降低企业管理成本。

（2）拓展体育旅游营销渠道

充分利用现代信息技术，尤其是网络技术。在信息技术飞速发展的时代，体育旅游企业应充分利用互联网技术，构建全方位的立体营销网络，改变传统的以旅行社为主的单一的营销渠道，创新营销与宣传模式，带动民众体育旅游消费需求。随着信息技术的发展，体育旅游出现了个性化和差异化需求，因此，其营销手段也应推陈出新，顺应消费者的异质化需求。体育旅游企业可以利用网络渠道对体育旅游产品或者项目进行推广，同时旅游者也可以借助于数字技术和虚拟现实技术，并借鉴西方发达国家在网络营销方面积累的经验，实现体育旅游项目的个性化发展。

随着现代社会生活节奏的进一步加快，人们越来越倾向于通过有效率的方式选择更加便捷高效的服务，体育旅游网站充分利用其存储功能强大和信息更新及时等特点，不仅可以为体育旅游爱好者提供的大量的信息资讯，而且能够帮助消费者高效、便捷地查询到有关信息，体育旅游消费者只要通过点击网络，就可以实现出行方式自主选择、食物需求网络预订、组团旅行网络自发，从而定制属于自己的个性化的旅游体验方式，因此，未来的体育旅游将会成为基于网络技术的供需双方无障碍的直接营销。

（3）完善体育旅游产品体系

在产品内容上，依据北京市体育旅游事业发展的具体需求，形成体育赛事旅游产品、体育场地旅游产品、体育演艺旅游产品、体育节事旅游产品等多系列产品体系，通过新产品和新项目的开展，满足消费者多样化、个性化、差异化消费需求，推动体育旅游产业及其相关产业的共同发展，促进北京市社会经济的可持续发展。就体育旅游消费者层次结构而言，由于受到收入情况、性别、个人喜好和特长等众多因素的影响，体育旅游的消费需求呈现差异化、个性化和层次化特征。

因此，在设计和开发体育旅游产品时，应充分考虑目标群体的个性化和层次化的需求，设计出差异化的体育旅游产品。针对不同的细分市场，既要提供符合中高档消费阶层的精品体育旅游项目，同时也要有适合普通民众的中低档的旅游产品，通过产品组合战略，覆盖更广泛的消费群体，提高企业盈利能力和核心竞争力。

在产品的地域结构方面，利用地域文化特征，塑造特色鲜明的体育旅游产品。北京市体育旅游资源丰富，是一座充满文化底蕴的古都，在体育旅游产品的开发上，应充分利用北京的地域文化特征，因地制宜，彰显特色，塑造特色鲜明、风格多样的体育旅游产品，避免产品的同质化特征，为消费者提供更多富有特色的优质体育旅游项目。

4.加强整体促销和客源市场开发

（1）着力发展国内体育旅游市场

①提高大众参与体育的兴趣，培育体育旅游群众基础。消费潜力巨大的国内市场是旅游体育发展的重要根基。推行"全民体育健身计划"是培养全民健身意识的重要方式，在此基础上，积极倡导个人和家庭进行体育健身投资，不断开发满足人民群众多元化需求的体育旅游产品，引导民众扩大体育消费。在发展大众体育的过程中，要加大体育基础设施建设，改善大众参加体育锻炼的需求与体育场馆设施不足的矛盾。通过完善体育旅游基础设施建设，提高群众参与体育活动的便捷性和娱乐性，是推动发展体育旅游产业可持续发展的长远之策。

②对体育旅游进行消费市场细分。体育旅游的需求具有多元化和个性化特征，不同的群体对于体育旅游产品的需求呈现出差异化的特征。国内游客对体育旅游产品的需求主要受经济基础、社会地位、教育程度、身体素质、性别等因素的影响。针对这一特征，在开拓体育旅游消费市场、设计体育旅游相关产品时，应该着眼于不同的消费需求，在对体育旅游市场进行细分的基础上，锁定目标客户群，针对目标客户群体的产异化需求，进行精准营销。

③加大宣传力度，拓展体育旅游客源市场。各级政府要立足于本地资源的实际情况，在深入市场调研的基础上，制定有针对性的促销宣传活动，扩大城市的品牌虹吸效应；围绕本地重点体育旅游资源和体育旅游线路，推出特色鲜明的体育旅游宣传口号，做好整体营销与推广；充分利用互联网、电视、报刊等公众媒体，对本地特色体育旅游资源进行广泛的宣传和报道，通过舆论导向引导大众参与体育旅游意识，提高民众对体育旅游的认知度和认可度，刺激潜在需求。充分发挥博览会的宣传平台效应，通过展会的体验平台，深化人们对于体育旅游的认知，展示本地的特色旅游项目，让人们深刻体会到体育旅游产业发展前景美好和体育旅游的独特魅力。

（2）适度开发国际体育旅游市场

①进一步加大对外促销宣传力度，通过各种渠道全方位、立体化进行国际体育旅游的宣传和推广。体育旅游企业要进一步加强对外宣传力度，通过借力其他部门的分支机构，组织海外专题宣讲活动，通过各驻外旅游办事处在客源集中的市场加大广告投放力度和产品宣传力度的同时，力争开拓新的旅游消费市场。

②积极推进"引进来"与"走出去"相结合的战略。我国体育旅游的开展较西方发达国家来说起步较晚，仍然处于市场发展的初级阶段，在管理理念和运作方式上与世界先进水平存在着较大差距。我国应该积极与发达国家体育旅游企业进行景区开发合作和运营合作，充分吸收借鉴其管理优势、技术优势与品牌优势，并结合本地区的具体实际，开发运营国际国内体育旅游市场。要引进一些风格独特、受众群体较广的国外体育旅游项目，在满足民众多元化的体育旅游需求的同时，提升体育旅游国际化水平。在实行"引进来"战略的同时，也要积极推动国内企业"走出去"，通过直接投资、合作开发等方式，拓展体育旅游国际资源，开发国际市场。全国体育旅游工作会议明确指出，要积极鼓励有实力的国内旅游企业，在中国公民旅游目的地集中的国家和地区，通过投资、收购景区景点和建设运营景区饭店、宾馆等方式，进行海外投资。借助这一政策红利，体育旅游企业应抓住机遇，主动寻求与国外实力雄厚的旅游企业进行合作，积极寻求进入国际旅游市场，拓宽企业发展渠道，在全球打造品牌优势。

③在开拓旅游市场的过程中，要充分利用中国源远流长、博大精深的文化内涵，在体育旅游的各环节融入中国元素，依托各民族绚丽多彩的民族文化，赋予体育旅游新的文化内涵，通过传统民族文化和体育旅游的有机融合，增强对游客的吸引力的同时，弘扬中国传统文化，打造特色体育旅游品牌文化。

北京市体育旅游产业的发展，应该立足国内，辐射全球，在充分开发本地区特色资源的基础上，借鉴国际先进发展经验，充分利用国际和国内两个市场，塑造特色旅游品牌资源，增强体育旅游产业整体实力，应对各种复杂多变的挑战。

二、大连体育旅游产业

（一）大连滨海体育旅游产业的发展优势

1. 体育观念常态化

相较竞技要求高的精英体育，大众更倾向参与满足自身需求的、以休闲体育、体育旅游活动为主的大众体育，轻松愉悦的效果带给大众积极的自我效能感，从而形成"参与—高效应—参与"的滨海体育旅游活动有效反馈。以2008年北京奥运会和2013年全运会为主，马拉松赛事、中超联赛等具有广泛影响力的体育赛事的成功举办促进人们生活方式和观念的改变，体育观念的强化使滨海体育旅游作为一种生活休闲方式成为体育产业发展推动力。

2. 丰富的自然资源和体育旅游资源

大连坐拥丰富的自然资源，适宜旅游、开展各类体育赛事。大连是国内海岸线最长的城市，约为2211 km，有众多海岛、海湾，属于季风性气候，全年气候温和、空气湿润，拥有丰富的山林、丘陵地貌，复杂多样的海岸和地貌类适合开展探险、游泳、冲浪、马拉松、沙滩项目等多样化的体育休闲项目运动或竞赛。金石滩国家旅游度假区、金州大黑山生态宗教旅游区、庄河冰峪沟风景区，以及国际樱桃节、国际温泉滑雪节等旅游区和国际性活动吸引海内外游客，形成全域"旅游+"融合的发展机制。

此外，大连国际马拉松赛事是国内历史最悠久的马拉松赛事之一，作为2020中国平安中超联赛的两大赛区之一——大连赛区承办A组8支球队的角逐赛事，国际游泳大赛、全国篮球比赛、全国乒乓球比赛等大型体育赛事也将大连设为主要举办地，丰富且多样的自然资源、体育资源和旅游资源交互联结，形成大连市发展滨海体育旅游产业的资源支撑。

3. 大众体育和休闲旅游消费需求层次提高

体育旅游消费结构呈金字塔形状--塔尖是观赛旅游，中间是运动休闲旅游，以参与互动体验为主，最底层是赛事举办地的参观游览与体育文化交流。据统计，2018年全市实现旅游总收入1440亿元，同比增长12.49%。2019年大连市旅游总收入达到1657亿元，增长15.1%。

2018年与2019年，大连市第三产业增加值分别为3743.3亿元、3984.2亿元，同比增长率均高达2.9%。经济水平的增长促进居民生活水平的提高，刺激大众开始向休闲旅游和大众体育等享受型消费的侧重，以观赛旅游和运动休闲为主的滨海体育旅游形式通过互动体验增加参与感，相应的进一步提高大众对滨海体育旅游消费的需求。

（二）大连滨海体育旅游产业的发展劣势

1. 缺失文化底蕴

滨海体育旅游产业所包含的体育资源和旅游资源合理结合的契机，是基于两者隶属于同一文化背景下并注入公认的文化内涵，体育产业本身受体育精神、体育文化激励和促进的影响作用较为明显。而大连市海岛小镇居民体育意识薄弱、体育消费水平较低等现象深受海岛传统文化内生性因素的影响，使体育旅游项目、海岛小镇环境资源等规划缺失文化底蕴，没有富含文化特色的滨海体育旅游品牌作为内生性的持续发展动力，无法形成规模化的滨海体育旅游产业发展模式。此外，滨海体育旅游产业产品缺少文化底蕴的注入，容易发展成为短期、单次的消费习惯的消费群体，同样导致重游率低下。

2. 项目趋同化严重

全产业链模式是以实物或服务性主体供给资源为发端，利用多种产业间存在的互联关系创造出复杂的终端产品的产业发展形势通过对大连市长海县体育海岛旅游的游客进行问卷调查，发现有80%以上的游客认为滨海体育旅游产品的开发程度低且多样性匮乏。同质化的旅游产品项目无法形成多样化的产业链联结，活动形式、产业结构单一的滨海体育旅游产业不仅不能形成自身长效发展趋势，更重要的是无法与其他产业形成集聚效应，差异化项目的开发成为滨海体育旅游产业发展的另一重要方向。

3. 旅游季节性差异明显

滨海体育旅游产业要形成新型产业的龙头效应，就要形成"全时间、全空间、全过程"的全域性旅游形式，但在大连市滨海体育旅游产业的发展过程中呈现出明显的季节性特征，如大连市长海县由于季节性的气候特点，使体育海岛旅游的淡旺季矛盾成为产业发展的最大难点，夏季的旅游旺季游客数量众多给景区带来较大的承载压力，降低游客体验感从而降低重游率；而冬季游客锐减使滨海体育旅游服务设施闲置，造成资源浪费。季节性的滨海体育旅游特征不利于发挥休闲旅游和体育活动的长效吸引，影响产业的可持续性发展。

（三）大连滨海体育旅游产业的发展机遇

1. 产业结构升级优化新标的

据估计，到21世纪中叶，我国海洋经济增加值将达到国内生产总值的1/4。依据能源效率测度数据综合分析，得到辽宁省内形成沈阳与大连能源效率与产业结构高度耦合其他地区低效能的境况。以大连市为主的辽宁沿海地带率先实行产业结构升级、加快发展以服务业为主的第三产业加之以旅游业为中心的第三产业具有高回收效益的属性吸引资本大量注入滨海体育旅游产业，为体育产业和旅游产业集聚以及产业结构的优化升级奠定资本基础，促进滨海体育旅游产业形成"低成本，高收益"的经济优势和多元的全产业链体系。

2. 宏观政策的支持和鼓励性措施的引导

在市场配置资源的经济形态下，我国经济形态和开放格局呈现出前所未有的依海性，是高度依赖海洋的开放型经济。为贯彻国务院与辽宁省人民政府的各项文件的精神，结合近年滨海体育旅游产业的发展情况，大连市人民政府携发改委、体育局、旅游局、海洋局等单位出台各种法律规制和利好政策。

3. 现代化城市标向的跃迁

目前，将城市战略现代化、城市生产现代化、城市生活现代化作为现代化城市重点发展指标。其中，城市经济建设和行业结构改革是其转型方向。滨海体育旅游产业是体育产业和旅游产业跨界融合的新型产业形式，两个产业结合下催生的体育旅游服务行业相较欧美发达国家的体育产业发展情况，我国体育服务产业在体育产业经济中的占比不大，远低于欧美国家。在现代化城市发展标向的转型要求下，大连市滨海体育旅游服务产业拥有广阔的提升空间，合理利用大连市资源优势刺激产业改革和融合发展，实现大连市现代化城市综合水平的提升。

（四）大连滨海体育旅游产业的发展挑战

1. 基础设施不健全

广义上的基础设施指为生产和生活提供公共服务的物质设施，任何产业发展都需要与之适配的基础设施建设作为产业运作的保障。赵勇指出将体育设施和旅游设施深度融合并纳入景区，使旅游基础设施成为景区评级的硬性标准。滨海体育旅游产业基础设施主要指适配体育和旅游的交通、通信、医疗和教育等公用设施的建设。在对大连市长海县海岛体育旅游的游客进行影响体验感因素的问卷调查结果中可知，游客对于海岛体育旅游产品配套设施评价极低，且与其他因素间存在显著性差异。

在对大连市将军石运动休闲特色小镇的水上和山地运动功能区的调查中，发现设施设备、安全救援、道路交通等高风险设施的建设方面存在诸多不完善。大连市滨海体育旅游产业的基础设施建设与产业结构不适配，不利于产业内部以及产业间的协同发展，这为全域性体育旅游的实现带来挑战。

2. 产业供需存在矛盾

滨海体育旅游产业发展的核心影响因素是供给需求的耦合作用。大连市金石滩体育旅游景区在快速发展阶段，以优先发展经济的目标吸引大量资本注入，迅速建立"大型、高端、外向型"项目基地。而同时期国内旅游需求处于起步阶段，消费水平无法匹配金石滩的体育旅游产品从而导致产业供给结构性不足；长海县体育海岛旅游旺季的体育旅游需求大于资源供给、淡季的体育旅游资源供给多于旅游需求的矛盾，成为制约滨海体育旅游产业发展的重要因素。

随着居民收入水平的提升和消费需求的不断升级，滨海体育旅游产业需求的扩大、升级与资源供给的科学增加形成合理的耦合效应，以供给需求的耦合形成滨海体育旅游产业发展的导向。

3.宏观调控和监管不力

政策效率是我国滨海体育旅游产业发展效率的主要影响因素，其中，产业政策是政府为优化配置资源和产业结构进行干预的政策总和。在分析大连市旅游产业发展的政策合理性预期中，发现滨海体育旅游产业的建设中存在交通拥堵重复建设、海洋污染等问题，并且近年来国内游客接待人数趋于平缓、旅游外汇收入占比也呈现逐年下降的趋势。

大连市滨海体育旅游产业发展过程中的不合理侧面反映出宏观政策调控的不科学，政策监控贯穿产业发展过程的始终，往往由于有限理性、既得利益偏好等因素影响，使政府的公共力异化导致宏观调控和监管不力，一定程度上无法保证政策落地的有效性。

（五）大连滨海体育旅游产业发展的优化路径

1.滨海体育旅游产业的发展路线

以大连市滨海体育旅游产业 SWOT+AHP 层次结构模型为例，通过对指标判断矩阵的计算得到不同指标对决策目标的影响力。把握滨海体育旅游产业的发展机遇，将优势和挑战作为产业发展的动力支撑，克服产业发展的劣势，促进产业优势和劣势，内部和外部协同的联动效应。由此，提出我国滨海体育旅游产业发展的优化路线，为产业的可持续发展提供新思路。

①依托自然资源、体育和旅游资源，以及产业资源的集聚整合形成产业发展的资源支撑。

②经济水平的增长和居民生活水平的提高促进大众形成普遍性体育观念，提高休闲旅游消费水平以调整产业消费需求。

③以红利政策和鼓励性措施为政策引导，加强宏观调控和监管力度，并坚持完善配套基础设施的建设。

④把握产业结构优化升级和现代化城市发展的机遇，通过改善产业季节性差异、增加文化内涵和发展异质化项目等方式调整滨海体育旅游产业供给。

2. 我国滨海体育旅游产业发展优化路径的阐发

（1）以利好政策形成长效吸引并带动基础设施的建设

在宏观调控这一维度上，滨海体育旅游产业发展过程中的政策引导和宏观配置等都需要国家力量下的整体性的"一体化管理体制"的监管。首先，积极性政策的引导吸引资本注入。滨海地区大力统筹资源和产业的广域性和集中性高效协同，资本流入和产业发展相调适，促进滨海体育旅游产业体系下基础设施的建设，形成产业链与配套产业共同推进的双驱动发展模式。其次，增加对滨海体育旅游产业的监督和管控力度，有助于保障积极性政策的有效落实、维护产业发展秩序的稳定，使产业发展情况对政策形成合理的反馈，通过监管机制的作用促进红利政策成为发展滨海体育旅游产业的保障。

（2）加强自然资源、体育旅游资源集聚和产业资源整合

任何产业经济的扩大、产业模式的优化离不开集聚效应。滨海体育旅游产业的广域性发展需要产业间加强合作且与市场衔接，业间合作和市场衔接促进自然资源、体育资源、旅游资源和产业资源的集聚和整合。以产业间的聚集和整合增加滨海体育旅游产业的持久吸引力，形成全域性经济产业发展的新思路：利用资源整合的产业集聚升级成新型业态结构；使滨海体育旅游产业带动产业扩大主体产业规模，为消费市场提供合理的实体型或服务型产品供给；坚持"互利、互惠、共赢"的发展理念增加产业间的聚合力，促进产业协同以增加经济规模效益。

（3）提高现代化城市发展水平，引导大众体育旅游的观念形成普遍意识

滨海体育旅游产业作为一种新型体育产业形式，适应现代化城市化发展进程中战略现代化、生产现代化和生活现代化的发展要求。现代化大众生活水平的提高满足基本生存和生理需求，吸引大众追求更高层次的需求、树立更高层次的消费观念，以体育和旅游的形式进行消费型投资。在这一过程中，不仅要构建滨海体育旅游产业群众性、多元化的服务体系，更重要的是引导大众进行高质量、高层次、普及性、合理化的体育旅游消费活动，使滨海体育旅游产业对大众消费形成长效吸引。

（4）调整产业供需矛盾，改善体育旅游季节性差异

滨海体育旅游产业是在无特殊差异化的社会环境中依赖体育资源和旅游资源从而催生的新业态，由于自然环境的差异使产业内具体的业态形式产生差异。

高质量的体育资源和旅游资源产品供给输出，坚持滨海体育旅游差异产品和错位经营道路的"互补式开发"，以增加消费满意度、改善产业发展季节性差异的矛盾。一方面，通过滨海地区差异化的人文环境开发体育旅游品牌资源，深挖具有独特价值的体育旅游产品，强化发展滨海体育旅游产业中的优势项目，增加高质量产品供给；另一方面，深入了解大众进行滨海体育旅游消费的动机和需求，通过"消费反馈再消费"的消费机制对产品供给进行反馈分析以刺激产业产品的供给输出，增加大众参与滨海体育旅游的重游率以及产品的消费率。

（5）增加文化内涵，利用异质化产品满足大众不断提高的消费需求

从产业角度来看，鼓励将滨海地区独特文化形式、风俗习惯的文化内容注入滨海体育旅游产业结构中，因企制宜、实现文化资源创新高效配置和综合集成，形成具有丰富文化吸引力的异质性产业服务体系。从大众消费主体的角度看，利用文化的凝聚性、普及性特质生成具有文化内涵的滨海体育旅游产品，贯穿大众体育旅游的生活休闲观念和消费习惯中，以文化聚合作为大众进行滨海体育旅游的连接，使滨海体育旅游产业成为国民经济发展的新亮点。

三、呼伦贝尔市体育旅游产业

（一）呼伦贝尔市体育旅游资源概况

呼伦贝尔的体育旅游自然资源十分丰富，有森林、冰雪、湿地、河湖和草原等，与此同时，也包括民族文化、森林文化、历史文化和草原文化、红色文化等自然资源和人文景观，形成多元化的体育旅游特色项目。整体资源呈现类型丰富、品质优良、分布广泛等特征，为呼伦贝尔市体育旅游发展奠定了优越的生态基底与浓厚的文化底蕴。

1. 地理地貌体育旅游资源

（1）山林草原旅游资源

呼伦贝尔市拥有我国保护相对完好、纬度最高、位置最北的天然草原，是名副其实的"牧草王国"。全市拥有的天然草原面积高达 1.49 亿亩，在内蒙古草原面积中占到的比例为 11.4%。从大兴安岭往西，草原分布集中，且成片状，共有 1.21 亿亩，在全市天然草原总面积中占到 81.3% 的比例，是该市不可或缺的重要天然草原之一。呼伦贝尔草原类型丰富，主要包含山地草甸、丘陵和山地草甸草原、沙地植被草地、平原丘陵、干旱草原和低地草甸草场等六大分类。草原生态植物资源丰富，多年生长的草本植物构成了该市的草原植被群落。

丰富的草原资源促进了草原体育旅游产业的发展，其具有高度的刺激性、参与性和趣味性，拥有健身、体验、休闲和娱乐等多项功能，给人们带来别具一格的旅游体验，反复消费、可塑性高是该旅游项目的显著特点。现今的夏季旅游目的地的大热选择之一就包含草原旅游。在经济快速发展的今天，人们收入增加了，休闲时间变多了，越来越多的人选择跟随旅行团草原游或自驾游，这些条件给呼伦贝尔的草原旅游市场开发带来了巨大契机。适合在草原开展的体育旅游项目有很多，骑马是草原的传统旅游项目，也最具代表性。射箭是历史悠久又流传至今的项目，它在现代体育运动中占据较大比例，得到许多民众的青睐。近些年，滑草、滑翔机、越野车等竞技类体育旅游项目也开始在草原景区兴起，广受年轻旅游者的喜爱。

呼伦贝尔市拥有雄伟连绵的大兴安岭山脉，各具特色的壮美高山屹立于此，例如佛教名山：喇嘛山、五泉山、西山、凤凰山，除此之外还有雄伟壮观的龙岩山等。结合这些名山景点，合理进行景观建设，能够打造出多样化、趣味性高的体育旅游项目，类似徒步、登山旅游、狩猎体验、森林探险、团建活动等。

（2）湿地河湖旅游资源

呼伦贝尔拥有丰富的境内湿地资源，共有 299.28 万公顷，在全市的国土面积总数中占到 11.8％的比例，全市的湿地面积中占到 49.8％的比例。湿地拥有维持生物多样性、提高水质、改善径流等多重生态价值与极高的景观价值。规划核心区域范围内湿地面积广阔，包括根河、伊敏河、海拉尔河、辉河、呼和诺尔、额尔古纳河、乌尔逊河和呼伦湖等湿地分布，面积广、数量多。

呼伦贝尔境内有两大水系，即嫩江水系和额尔古纳河水系。大兴安岭是诸多河流的分水岭和起源地。嫩江水系在岭东一侧，拥有 99811 km^2 的流域面积，占全市的总面积中的 39.4％。额尔古纳河水系在岭西一侧，拥有 153520 km^2 的流域面积，占全市的总面积的 60.6％。3000 多条的河流遍布在呼伦贝尔市，其中有 63 条河流的流域面积比 1000 km^2 还大。阿伦河、诺敏河、雅鲁河、格尼河、音河、绰尔河、甘河主要位于嫩江水系，克鲁伦河、哈拉哈河、根河、得尔布尔河、激流河、乌尔逊河、海拉尔河主要位于额尔古纳河水系。

呼伦贝尔市内有 500 多个湖泊，主要较大湖泊有呼伦湖、贝尔湖、呼和诺尔湖、查干诺尔湖、乌兰诺尔湖等，其中呼伦湖不仅是内蒙古自治区最大的淡水湖之一，也是中国北方最大的淡水湖之一，湖泊的流域面积达到 2339 km^2。

因为呼伦贝尔地区拥有较多的水系，这里的很多河流落差很适合开发一些体育旅游项目，如漂流等，还有一部分静水水域也能够开发类似钓鱼的旅游休闲项目。呼伦湖垂钓最为著名，其位于满洲里市，景区中有很多小型船艇供游客使用，游客可以在呼伦湖上泛舟赏景，垂钓游玩，湖中有丰富的水生动物，湖边有专门设置的钓鱼台。

2. 气候体育旅游资源

气候旅游资源不仅存在于以优越的气候条件为主要吸引力的消寒避暑胜地，而且也是任何一个旅游环境必不可少的重要构成因素，下面以冰雪旅游资源为例。

呼伦贝尔市处于中国中温带与寒温带区域，是中国数一数二的极寒地点之一，这里的冬季严寒、时间长，10 月初便出现降雪，次年 4 月冰雪开始消融，冰雪期可以长达 7 个月。其中年平均气温最低的是根河市，为 -5.3 ℃，最低气温纪录达 -58 ℃。降雪量很大、积雪期也很长。冰雪遍布草原、森林、河湖、湿地和城镇，平均积雪深度达 18 ～ 50 cm，使得呼伦贝尔市冬季形成独特千里雪原、万里冰林的壮观景观。各地每年有冰雪那达慕、冬季英雄会等旅游活动，极具冬季旅游市场吸引力。

呼伦贝尔地区冰雪资源极为丰富且多山，其得天独厚的地形、气候条件十分适合开展冰雪体育旅游项目。目前，呼伦贝尔市已建成并处于正常营业中的滑雪场有 9 个，其中规模较大，游客评价较好，其中像牙克石凤凰山、扎兰屯金龙山和海拉尔东山等滑雪场都是比较被人所熟知的。从海拉尔机场路往上坡南侧的 90 m 处即是海拉尔东山滑雪场所在地，行驶 4 km 即可到达市中心。这里的滑雪大厅达 1200 m²，生态园餐厅可接受 300 人进行就餐，给游客提供了较为优质的餐饮、滑雪体验与服务。这里的拖牵式索道有 400 m，有专业的教练来指导。对于儿童游客，滑雪场还针对其建造了充满趣味性的冰雪园，供孩童娱乐的滑雪碟、雪爬犁、冰陀螺、滑雪圈、冰滑梯等设施一应俱全。在扎兰屯市区西北 8 公里的金龙山上，有扎兰屯金龙山滑雪场。该滑雪场的雪道山体海拔有 582 m 高，共有 200 m 的垂直落差。如今共有五条滑雪道，分为初级、中级和高级，1 座国家队的单板 U 形训练场地，总长 3800 米的学道，共有 15 万 m² 的总面积。这里有完备的滑雪设施，一些娱乐场地，如雪上乐园、儿童乐园、雪洞和学道、滑冰场等，能够进行的娱乐活动非常之多，不但有狗拉爬犁、冰球、速滑、儿童娱乐、双板滑雪、单板滑雪等，还有雪上飞碟、雪地自行车、雪地足球、雪地摩托等供游客选择。在牙克石市东南郊的是牙克石凤凰山滑雪场，从市区到滑雪场的距离为 16 公里，属于 2A 级国家旅游景区。该滑雪场雪道种类齐、规模大、项目多，初级、中级、高级滑雪道总共有四条，雪道的总长为 5800 米。在这里不光可以进行滑雪活动，还可以体验扔雪球、搭建冰滑梯、制造滑雪圈、观赏雪景冰雕、抽陀螺等有趣的北国特色项目。

3. 民族文化体育旅游资源

在呼伦贝尔市包容性和民族融合性兼具的条件下，形成了一个多民族相互交融的发展地区，在呼伦贝尔市生活的民族多达 42 个，居住人口较多的少数民族主要有蒙古族、满族、回族、朝鲜族、达斡尔族、鄂伦春族、鄂温克族、俄罗斯族等。但是在呼伦贝尔市生活的民族主要是汉族，汉族人数占其总人数的 80% 以上，其他的少数民族和汉族共同构成了呼伦贝尔市的人口结构。新中国成立后，各民族和睦相处，守望相助，形成各民族统一团结的整体。呼伦贝尔在我国的发展历史上是蒙古族文明的发源地，也是坐落于北方重要的狩猎民族和草原游牧民族生长的地区，是北方民族文化集聚地、中俄蒙重要的文化交流协作区、非物质文化遗产的富集地，为呼伦贝尔市打造具有知名影响力的民族文化体育旅游体验地区奠定了深厚的基础。多民族、多文化在这里交流融合，在草原上生活的民族文化具有其独特性，在坚持传统文化的基础上演化出文化的创新形式可以促进中华文明不断向前进步。

我国多元的文化传统孕育了种类丰富的、具有民族文化特色的体育活动，这些项目不仅具有大众体育运动的特点，可以达到强身健体的目的，还具有独一无二的民族文化特色，在文化上是对传统文化的传承和接续，也是对当地民俗风情的弘扬，这些体育形式不仅在当地受到人们的支持和喜爱，发展到全国范围也受到很多人的关注，这样就可以不断扩大这些民族体育项目的受众范围，保持其传承的连续性和完整性。民族体育活动的发展是基于文化背景出现的，因此必须坚持我国的民族传统才可以更好地发展并保留民族文化中最核心、最精髓的部分，成为组成中华优秀文化的一部分。因此，大力发展体育旅游，吸引国内外各地的游客来到呼伦贝尔旅游，使其了解当地的民族传统体育项目，并参与其中，可以更好地宣传和弘扬呼伦贝尔地区的少数民族传统文化。

（1）蒙古族文化

呼伦贝尔市是蒙古族的发祥地，是蒙古游牧文化的重要传承地。在辽阔无垠的呼伦贝尔大草原上，千百年来，蒙古民族秉承天人合一的理念，延续了与草原和谐发展的传统，蒙古族传统游牧文化在呼伦贝尔得到良好的传承和保护。蒙古族人们最早期的生活地区是位于额尔古纳河东岸密林的"蒙兀室韦"，之后蒙古族人们逐渐向西北地区的草原迁徙，在经过多年的发展之后，最终形成成吉思汗一统全部部落的整体形式，也成立了蒙古族。蒙古族在世界多个地区留下过生活的痕迹，他们依靠草原生活，因此，也被人们称为"草原骄子"，他们擅长马术、摔跤各种的体育项目，同时也有极具蒙古文化的乐器——马头琴，颇负盛名的文化节日——那达慕大会。

每年举办的那达慕大会是蒙古族人们最盛大的节日，最早是从蒙古汗国兴起的，公元 1206 年，成吉思汗称为蒙古可汗时就开始举行那达慕大会，当时的大会主要的活动形式是摔跤、赛马和射箭比赛，那达慕大会发展至今已经发展出了很多其他的比赛形式，比如马术和各种球类比赛等，但是传统的摔跤、赛马和射箭比赛一直被传承到今天。2006 年，国家非物质文化遗产将那达慕大会也选入其中。那达慕大会每年的举办地点都不是固定的，但是都是在每年的冬季举办，通常是在呼伦贝尔草原的各旗来轮流举行，每一届那达慕大会的主题都是不同的，大会的持续时间从上一年的 12 月会一直持续到次年的 3 月，在举行那达慕大会的同时，也会准备各种各样的体育项目供游客体验，比如游客可以体验冬季在呼伦贝尔草原滑雪、感受当地人的射箭、赛马等活动，而且还可以为一些极限运动爱好者提供雪地汽车越野等项目，让游客不仅可以感受蒙古族盛大的活动，也可以亲身体验我国民族运动。

（2）达斡尔族文化

达斡尔族人的聚居地主要分布在内蒙古自治区、黑龙江的一些地区，比如莫力达瓦达斡尔族自治旗、梅里斯达斡尔族区、鄂温克族自治旗。目前，我国达斡尔族约有 13 万人，其中，在呼伦贝尔生活的达斡尔族约有 7 万人。

传统的达斡尔族人使用的语言主要是达斡尔语，尽管在语言上具有统一的形式，但是在文字上并没有形成统一的形式，而是借助汉字或者蒙古文字。达斡尔族也是我国具有悠久历史文化背景的民族，最早同契丹人有着亲缘关系，之后经过历史的发展以及朝代的更迭，达斡尔族的发展呈现出多元化的发展形式，他们的聚居地也从游牧逐渐向农耕演变，达斡尔族人始终保持着勤劳的习惯，同时又非常注重体育锻炼，由于经历过很长时间靠打鱼为生的渔猎生活，因此达斡尔族人形成了具有其文化特色的体育活动，也造就了达斡尔族人的性格特点。

最早出现在达斡尔族的体育活动就是射箭运动，之前是为了抵御外族的入侵，之后经过不断的发展形成了具有达斡尔族特色的体育形式，同时，在这种体育形式的基础上也发展出了系列竞争性的体育形式，比如摔跤、扳棍、颈力赛等。曲棍球是达斡尔族最具代表性的传统体育运动，也是深受达斡尔族人追捧的一项体育活动，达斡尔族人们天生就具有极强的运动天赋，从历史有记载开始，他们就有曲棍球运动的传统，他们称其为"贝阔"。自 1975 年在莫力达瓦达斡尔族自治旗成功组建一支我国自己的专业曲棍球队伍，之后就逐渐开始代表我国参加一些曲棍球比赛，如 1982 年参加了巴基斯坦的比赛，参赛队伍就是达斡尔族的球员，另外，该队在代表我国参加第一届亚洲杯曲棍球比赛时成功获得第三名的荣誉，之后在 1989 年，莫力达瓦达斡尔族自治旗被国家体育委员会称为"曲棍球之乡"。

（3）鄂温克族文化

鄂温克族意思是"住在大山林中的人们"。在全国大约有三万鄂温克族人民，他们不仅分布在中国，还分布在俄罗斯，不仅是一个跨界民族，还是 22 个少于 10 万人口民族之一。鄂温克人主要住在内蒙古自治区呼伦贝尔市，在平常的日常交流中，他们都用自己独特的语言，但是他们并没有属于自己民族的文字。所以一些鄂温克族的牧民大多数会使用蒙古文，少数人会使用汉字。他们还有自己传统的节日，每年的 5 月 22 日是鄂温克族独有"米阔鲁节"，人们在那一天不仅要举办套马，赛马的比赛，还要给那一年新生的羊羔剪耳朵作为标记。

除此之外，鄂温克族不仅是中国唯一饲养和使用驯鹿的少数民族，还是最后一个还在以狩猎为生的少数民族，现在他们仍然住在木屋中，他们的生产生活也依旧是以原始的方式运作。自 2005 年起，为了让游客对这个民族有更多的了解，也为了保护他们的生活方式，在每年的 12 月份都会举办冰雪文化节。让游客们参与其中，体验这个部落原始的生活和文化。游客们还可以和原著居民们一起狩猎、烧烤兽肉，还有骑马、摔跤、射箭等体育活动。

4.人工设施体育旅游资源

近年来，为响应和倡导全民体育健身运动，呼伦贝尔市各地增加了许多体育场馆和休闲体育设施的建设，部分场馆还在建设中。还有为培养国家专业运动员建设的训练和比赛基地，比如莫旗国家曲棍球基地，它是全国最大的夏季曲棍球训练基地。这个基地占地 13000 平方米，既可以比赛，还可以训练，还有 4300 平方米的看台。平时在不举办重大比赛的空闲时期，也可供游客参观，亲身参与体验基地举办的体育活动。还有位于扎兰屯市的金龙山滑雪场，该滑雪场设有达奥运会标准的U形池，该滑雪场现在是中国国家队U形池训练基地。还有很多不同大小的体育休闲旅游场地分布在呼伦贝尔市，跑马场、射击场的生意都十分火爆，得到广大群众的青睐。鄂温克旗境内的红花尔基森林公园内就有十分受欢迎的射击场，蒙古包和为游客们专门建造的别墅群。红花尔基森林公园海拔 740～1100 m，占地 1.4 万公顷，而且还有亚洲最大的樟子松原始森林。

呼伦贝尔市的人工设施体育旅游资源也非常丰富且具有地方特色，不仅提高了当地人对各项体育运动的参与感和兴趣度，而且还通过承办各项大型比赛和国际赛事，吸引了许多游客前来观光，推动了当地的经济发展。

（二）呼伦贝尔市体育旅游产业发展策略

通过查阅呼伦贝尔市人民政府网站、呼伦贝尔市体育局、呼伦贝尔市旅游文化总局、呼伦贝尔市统计局等政府部门官方发布的最新数据发布和统计公报以及呼伦贝尔市 2020 年统计年鉴得到的相关数据可知，近年来，呼伦贝尔市经济社会持续平稳健康发展，交通网络已逐步完善，综合交通能力明显提升，这为旅游业的发展提供了坚实的基础和保障。呼伦贝尔市旅游市场总收入近十年来快速增长，增速均高于内蒙古及全国平均水平，呼伦贝尔市现在已成为中国北方最重要的旅游城市之一，旅游城市的魅力已逐渐显现。但在体育旅游业快速成长和发展的过程中，劣势和威胁的出现也不可避免。

1. 呼伦贝尔市体育旅游产业发展的优势

（1）丰富的自然体育旅游资源

呼伦贝尔市位于内蒙古自治区内，面积广阔并且以平原居多，据有关数据表明其陆地面积约有 26.3 万 km^2，同时呼伦贝尔市拥有多种美丽壮阔的自然景观，如草原、河湖、湿地、冰雪、森林等丰富的体育旅游自然资源，整体资源呈现类型丰富、品质优良、分布广泛等特征。呼伦贝尔自然资源十分丰富，有牧场、林地、河湖等多种类型生态环境，对于呼伦贝尔市整体生态平衡具有重要意义。

据不完全数据的统计，呼伦贝尔市目前现有的耕地资源数量虽然有一定的减少，但仍有上千万亩可使用耕地；因为呼伦贝尔市本身独特的生态环境，其放牧业一直是主要产业，其天然和人工草场面积约为 1 亿多亩；其辖区内河流和湖泊数量众多，水资源丰富，水资源总量可达 300 多亿 m^3；呼伦贝尔还拥有丰富的林地资源，其辖区内拥有约 13 万 km^2 的天然林地。一提到呼伦贝尔市，我们肯定会想到"风吹草低见牛羊"。呼伦贝尔不仅有着全世界最美丽的草原，同时还是中国北方文化的发源地之一，为呼伦贝尔市体育旅游发展奠定了优越的生态基底与浓厚的文化底蕴。

（2）良好的区位和交通优势

呼伦贝尔市地理位置特殊，其地处中国北部边境，东部与蒙古国接壤，北部与俄罗斯相邻。由于其特殊的地理位置，我国在其边境处设置了多达 8 个国家级口岸，作为中国与俄蒙两国文化、经济交流的重要"窗口"。并且其还与黑龙江省接壤，还可作为振兴东北等老工业基地战略中的重要一部分，实现两地共赢的成果。由于多种因素，我国早在 2013 年就将呼伦贝尔市作为"丝绸之路经济带"中的重要一环，中俄蒙三国旅游黄金带，黑吉辽蒙旅游协同发展区，"一廊一脉"核心辐射区，内蒙古全域旅游发展带，内蒙古东部五盟市旅游圈，乌阿海满旅游一体化发展区，是中国北方、内蒙古东部的旅游中心城市。

呼伦贝尔市在近些年的不断发展下，其交通环境已经有了巨大改变。除基础的公路、铁路外，还拥有多条航线。其中滨洲铁路是其中最大、最重要的交通路线，其内连接中国内陆，外可连接亚、欧国家。且呼伦贝尔市处于全国规划的"八纵八横"高速铁路网中的绥满通道上。

（3）独特的多民族文化背景

呼伦贝尔市发展历史悠久，由于其独特的气候条件和生态环境。在历史的发展长河中，逐渐形成了一个以游牧为主、民风彪悍的北方少数民族，即蒙古族。有历史学家认为，呼伦贝尔市还是许多北方少数民族的发源地。呼伦贝尔市的文化源远流长，其在不断发展中形成了一种区别于中国其他民族文化的独特文化——草原文化。草原文化并不是单一的民族文化，而是多个文化的聚合体，其包括草原历史、多种草原民族文化等，其有丰富且独特的文化内涵，对于中华文明具有重要的支撑作用，是中华文化持续发展的坚实力量。呼伦贝尔市民族众多，目前已有四十多个民族在这里生活，并且其中还有三个特有少数民族。中俄蒙重要的文化交流协作区、非物质文化遗产的富集地，为呼伦贝尔市打造具有知名影响力的文化旅游体验类产品奠定了深厚的基础。

（4）政策的支持

呼伦贝尔市体育旅游的发展必定要以政策的支持为支撑。如今，国家已经通过各种途径支持呼伦贝尔市的旅游发展。

2020 年，呼伦贝尔市人民政府办公室发布了《呼伦贝尔市全域旅游发展规划（2018—2035 年）》的通知，为全面推动呼伦贝尔市旅游业的发展。

当国内新冠疫情好转后，为打消民众顾虑，实现全区旅游业的快速恢复，内蒙古自治区出台了旅游景区门票减免政策。呼伦贝尔市全面贯彻落实这一政策，全市已营业的 40 家 A 级景区全部实行门票减免。由此可见，党和各地方政府都在全面支持和推动呼伦贝尔旅游业的发展。

2. 呼伦贝尔市体育旅游产业发展的劣势

（1）资源缺乏科学合理的规划和开发

呼伦贝尔地区拥有得天独厚的地形地质结构、丰富的自然资源、悠久的历史文化背景、多元融合的民俗风情和特殊的区位条件，这就形成了独具魅力的自然体育旅游资源和丰富多彩的人文体育旅游资源，但由于呼伦贝尔地区缺乏合理的科学规划，使有的自然资源没有得到充分合理的利用，而有的资源却被过度开发和占用。导致资源分配利用不合理，在体育旅游的资源利用上存在一定的盲目性和功利性。呼伦贝尔市冰雪资源是开发体育旅游的资源优势，但就当前的情况看，并没有充分开发利用好这一优势条件。冬季体育旅游产品种类较为单一。此外，呼伦贝尔市拥有森林草原过渡地带的特色景观，这一森林草原资源几乎被忽视，没有得到开发和利用。

如近年来滑雪运动在人群中逐渐普及，随着滑雪爱好者的增加，呼伦贝尔市各地雪场的建设蓬勃兴起，许多人工滑雪场地应运而生的同时，也带来了许多弊端，如诸多同类雪场相互竞争，破坏了旅游市场的良性环境，导致一些小规模的雪场退出市场。再如由于近年来草原旅游的兴起，为了迎合市场的需求，草原旅游资源面临着过度开发和滥用，导致草原生态环境的破坏，大量人为建筑的添加，使草原无法恢复到原始自然面貌，且旅游旺季游客增多，随之而来的垃圾污染也逐渐增多，垃圾和污水的分类回收没有做到位，对草原的生态环境造成一定的破坏。

一些景区的开发没有因地制宜，一味地盲目开发导致的是自然结构的破坏，资源的浪费以及再开发再利用价值降低，对当地的自然资源造成了无法挽回的损失。体育旅游的发展与草原、山地等生态环境的保护存在不可避免的矛盾冲突，在体育旅游项目上的急于求成，项目综合利用方面的运营体系不完善，消费者市场的导向性等都生态环境保护提出了挑战。呼伦贝尔地区必须加强对旅游区各个地点的规划，对各区有清晰的认知，了解各区的价值，这样当地旅游业才能稳步发展。

（2）基础设施和服务不足

呼伦贝尔地区景区数量多、分布广、规模大小不一，不利于基础设施的共用共享。总体来讲，呼伦贝尔地区景区的基本设施结构较为完整，交通、饮食领域一定程度上达到了消费者的要求，但在具体细节、质量、营业态度等方面还需要不断改进，争取做到最优。少量旅游区基础建设存在漏洞，附近的配套服务没有达到要求甚至有些地方没有相关服务提供。停车场、停车点的建设与景区客流量不匹配，出现客流高峰期停车位不足，无处停车的现象。电信网络、无线网等覆盖不全面。景区垃圾收集设备不足，垃圾桶摆放位置和相关数量不合理，垃圾分类相关设施太少，对于客流高峰期时的垃圾处理准备不足。景区移动厕所数量不足。体育相关专业配套设施建设滞后，缺乏一些优秀品牌、特色商品以及专业性的指导和介绍，削弱了体育旅游者的消费和体验欲望。

（3）宣传力度不足，资金投入有限

随着科学技术的发展和经济水平的提高，人们的消费能力也在不断上升。因此体育旅游业这个新兴产业也随之产生。体育旅游业逐渐被大众所接受，并开始流行起来。但在呼伦贝尔市乃至内蒙古地区，人们一提到此地想到的不是体育旅游，而是草原旅游。

目前，呼伦贝尔地区旅游业的发展仍侧重草原旅游业，对体育旅游业的重视程度不够，资金投入不足，导致对体育旅游资源的开发有限，体育旅游起步较晚，这也是阻碍呼伦贝尔地区体育旅游发展的原因之一。且在体育旅游宣传力度方面有待加强，根据实地考察和调研结果可知，当前呼伦贝尔各地景区的宣传方式还是以亲朋好友介绍、当地居民推荐为主，此类宣传方式推广度较低，辐射面较窄，难以让全国各地乃至海外的游客广为熟知，这也是呼伦贝尔景区的知名度不高的原因之一。

（4）景区同质化问题突出

目前，呼伦贝尔市各旅游景区多集中在骑马、射箭、滑雪、登山等传统体育旅游项目，同质化现象严重，缺少创新性。在公共设施建设、旅游项目安排，以及内容想法上都高度相似，缺少特色产品，导致体育旅游吸引力逐渐降低，导致呼伦贝尔市虽然资源丰富但未得到良好的开发和充分利用，没能将体育旅游与自然资源、地理区位、民族特色等独特的优势相结合，转化成优质、高吸引力、极具特色的高端体育旅游景区。

（5）文体融合不充分，民族主题不鲜明

呼伦贝尔地区孕育了丰富多彩的少数民族文化，积淀深厚。是蒙古族、鄂伦春族、达斡尔族、鄂温克族以及俄罗斯族等民族的聚居地之一，多种民族交汇融合且各具特色。但这些深厚的人文旅游资源并未被充分发掘，现有民族传统文化类项目开发过于保守，多元化、创新型体育文化民族产品不足，原生态民族文化的传承与保护这一理念未能充分体现到体育旅游发展中，当前的体育旅游项目没能体现出民族文化的独特性。

（6）管理机制不健全

呼伦贝尔市体育旅游的持续发展并不是文化旅游广电局一个部门的职责，涉及生态环境局、体育文化总局、发改委、自然资源局、林业和草原局，以及水利局等多个部门的合作与共同建设。在目前发展过程中，存在管理制度不完善、管理机制不全面、部门之间沟通协调不畅、部门责任落实不到位、疏于管理等问题，一定程度上制约了呼伦贝尔市体育旅游整体发展。

3.呼伦贝尔市体育旅游产业发展的机遇

（1）国内外体育旅游发展形势向好

体育旅游业近年来发展形势大好，这给呼伦贝尔地区迎来了百年未有的发展机遇。这些年，呼伦贝尔当地政府积极地筹划各种体育活动，吸引了大量海内外人士来参与体育旅游活动，这不仅有利于当地旅游业的发展，而且也使体育事业迎来了光明的前景，带动了一批文体项目的升级。数次的民族体育活动的成功进行、全民健身运动会搏克比赛等各种体育健身活动，成了当下的新闻热点关注问题，成了广大青年和其他群体纷纷向往的活动。大力推广各式各样的体育旅游活动，无疑为呼伦贝尔体育旅游业的发展锦上添花。更令人激动的是，第十四届冬运会的举办权将由呼伦贝尔市承办，十四届冬运会是我国冬季体育运动的一项重要赛事，也是运动员们挥洒汗水的训练营，如果第十四届冬运会能够成功开办，那么呼伦贝尔地区将会获得更多的发展机会，内蒙古地区也会赢得更多的发展机遇。成功举行十四届冬运会，一定会促进呼伦贝尔市冰雪体育旅游的发展。

（2）国家逐步提升体育旅游业地位

目前，国家注重体育旅游业的发展并提供了相关支持，相继出台了相关法律法规，并对这些法律法规进行完善，从政策方面对呼伦贝尔当地旅游发展提出了指导性意见。体育旅游业顺应时代发展的潮流，冲出重围，在呼伦贝尔地区享有丰富的资源优势，也为当地迎来了空前未有的机遇和挑战。

4.呼伦贝尔市体育旅游产业发展的威胁

（1）周边地区竞争日趋激烈

目前，体育旅游业虽然还处于萌芽期，发展并不完善，但是许多地方政府都很看好其未来的发展前景，因为体育旅游不仅成本低、风险小，而且能够在短期内迅速获益，这是其他产业所无法比拟的。地方政府也逐渐开始开发、整合相关资源，对当地的体育旅游业发展给予高度重视和支持，也无疑增加了该产业的投入和风险性，加剧了行业竞争。呼伦贝尔市的体育旅游资源虽然具有特别之处，但也不是绝无仅有的，周边的一些地区也有着相似的地形结构和自然资源。比如与呼伦贝尔邻近的黑龙江省和吉林省，既有优美独特的自然景观资源，又有丰富的民族人文资源。而且有许多滑雪基地，包括我国最大的滑雪基地也位于黑龙江省，曾多次承办国际冰雪运动盛事。

除此之外，黑龙江与吉林在山地旅游方面也有像长白山、小兴安岭这样的著名山地景点，能够很好地满足游客需求。因此，游客在进行选择时，前往呼伦贝尔市旅游的意向会被明显降低，其相关的体育旅游的优势作用也就无法完全发挥出来。

（2）市场需求多样化的挑战

在目前经济社会日新月异的发展背景之下，居民收入上涨，生活水平也不断提高，旅游者早已不再满足于传统的旅游模式和产品，对旅游产品有了更高的品质追求。

因此，开发多样化、富有创意且独具特色的旅游文化新产品成为各旅游景区的竞争手段之一。对于体育旅游者而言，受众人群多为喜爱运动的年轻人，这就需要体育旅游产品不仅要多样化，还应具有专业性和创新性，景区只有不断丰富和发展自身的特色体育旅游产品，推陈出新，才会对全国体育旅游者起到足够的吸引作用。观光旅游产品占比过多，而更加全面、更加深层的体育旅游产品以及相关的体育类娱乐项目等明显不足，下一步应该积极组织推动本市体育旅游产业的多元化发展。

（3）体育旅游专业性人才匮乏

在这个信息全球化飞速发展的时代，为了促使体育旅游业也迅速壮大，唯一可行的策略就是尽快培养一批对旅游业充满热情和旅游知识、素养极高的优秀人才。体育旅游业这种新兴产业主要目的就是为人们提供各种各样的体育旅游商品和相关体验，满足人们在休闲娱乐的同时对体育项目的需求。体育旅游专业覆盖体育科目和旅游科目两门学科知识，是一门复杂性的专业，其专门人才应成为实际操作技能、理论研究水平、经营管理能力、市场策划能力、组织协调能力都具备的全能型人才。很明显，我们应该调整当下对于这部分人员的培养方案，使一大批优秀的人才在未来能够有用武之地。这就意味着对体育旅游从业者的专业水平和综合素质要有很高的标准和要求。然而在前期对体育旅游从业者和管理者的问卷调查和实地考察中我们发现，从事体育旅游事业的人员大多学历比较低，普遍是高中、专科人员，没有对这个行业高层次的认识，本科生占比相对较少，而研究生更是少之又少。显而易见，我国在体育旅游项目上缺少专业性人士，也没有相应的研究和治理人员。

5.呼伦贝尔市体育旅游产业发展的策略

（1）体育旅游与生态环境保护相结合

呼伦贝尔市的体育旅游产业发展应在生态保护优先的基础上，寻找两者新的共生模式，实现体育旅游发展与生态保护的和谐统一。呼伦贝尔体育旅游要想持久稳定发展，必须将生态保护、环境保护放在重要位置。所有景区开发所涉及的项目都必须在生态保护红线所要求的前提下进行，禁止开展可能污染环境，对自然资源有永久性破坏的活动。

必须坚持生态优先、绿色发展，把草原、森林、河湖等丰富的自然景观资源都利用起来，转化为体育旅游产业的切实发展优势，并宣传打造出地区品牌效应。实现旅游产业为生态增值，生态环境为旅游增色，交相辉映，相辅相成。

（2）自然资源与体育项目的融合创新

①依托呼伦贝尔市森林草原过渡地带的特色自然景观、加强对森林草原文化的重视和开发，引入森林草原休闲体育游、森林草原徒步观光游等体育旅游新项目。可将徒步、瑜伽、太极拳等运动与森林草原景观游览相结合，打造森林草原徒步穿越、森林瑜伽、森林太极拳等特色新颖的体育旅游项目，为体育旅游者提供森林草原过渡带特有的运动体验。

②充分利用呼市冬季较长的这个特点，加大力度开发冬季冰雪项目，将冰雪运动与体育、民族融合发展，开发"冰雪＋体育运动"产品。借第十四届全国冬季运动会的大好时机，充分利用场馆设施：苍狼白鹿冰雪基地、海拉尔区内蒙古冰上运动中心，以及牙克石凤凰山滑雪场等将可开发景区归纳整合，成为一条完整的体育旅游线路，开发海拉尔－牙克石－扎兰屯冰雪运动之旅项目。打造冬季汽车、摩托车体验项目，同时开发雪圈、爬犁等丰富多彩的游客体验项目，开发滑冰、冰壶等休闲体育项目。持续培育发展鄂温克冬季赛马、冬李草原英雄会、根河马拉松等民族体育旅游项目，完善冰雪体育旅游产品体系。

（3）完善配套设施建设，打造智慧服务平台

①完善提升呼伦贝尔市各景观服务设施，培训景区从业者旅游服务意识，按照相应的标准进行基础设施建设，重点推进景区主要交通线路、停车场、停车点建设、通信电缆地下敷设等工程，使游客在景区内不再如厕难、停车难、加油难、充电难。建议景区配置门面装饰等永久性设施尽量规模缩小，最大限度上保持景区内部自然结构完整，最低限度影响景区生态环境。完善公共设施，提高基础体育设施设备的质量和安全性，着力保证体育旅游者的安全。加强对体育旅游项目服务人员及专业教练和工作人员的培训，提高从业人员的专业能力，加大对体育旅游专业人才的引进力度，切实提升呼伦贝尔体育旅游的服务品质。

②建设旅游驿站和智慧旅游服务系统。构建一个关于呼伦贝尔体育旅游相关信息的整合平台，收集各景区景点、旅游集散中心，以及有关游客吃穿住行等各个方面相关信息。为游客提供便利的旅游咨询服务，增进游客对游览参观地点的深入了解，做好旅行前的准备工作，解决游客出行前的问题。对呼伦贝尔地区所有景区的体育旅游项目进行归纳整合，使体育旅游者在旅游服务系统中可直接搜索了解喜欢的体育旅游项目及路线，并附加专业的项目介绍和讲解及线上指导，为体育旅游者提供高质量的旅行体验。添加旅行后交流反馈功能，既便于旅游者们相互交流，也可收集游客的意见反馈信息，便于景区整改，提升服务品质，为呼伦贝尔市旅游发展提供改进思路。

（4）推进"民族文化＋体育旅游"融合发展

依托呼伦贝尔地区拥有蒙古族、鄂温克族、俄罗斯族等特色民族文化优势，打造"民族文化＋体育旅游"的融合发展体系，这也是呼伦贝尔景区独具竞争力的优势所在。呼伦贝尔地区孕育出了勇猛热情的蒙古族人民，因此这里蕴含着丰厚的蒙古族文化瑰宝，可以作为景区开发的核心主题，以蒙古族特色体育项目为核心内容，以草原和森林过渡地带为独特的景观优势，打造"民族文化＋生态观光＋民族体育"三型合一的全域旅游城市品牌，打造文化体验、民族体育项目体验、特色购物、民俗体验等旅游产品，持续提高蒙古族源文化影响力与品牌带动力。以草原、森林、冰雪、湿地等各样自然景观为依托，开展全域旅游、四季旅游，打造最具特色的生态运动旅游目的地。依托鄂温克族自治旗紧邻海拉尔区的区位优势，深挖鄂温克民族独特生活方式，将民族文化与体育运动融合，打造民族体育旅游特色景区。

（5）创新营销宣传模式，提高影响力

呼伦贝尔景区要想提高知名度，走出内蒙古，甚至占领国际市场，有效的广告宣传工作必不可少，创造新型的宣传模式和营销策略。营销渠道主要有线上渠道与线下渠道，通过线上与线下相结合，提高知名度和影响力。

①建立完善的呼伦贝尔线上体育旅游平台系统，注重线上宣传、线上销售服务体系建设，重点完善呼伦贝尔旅游官方网站，提供体育旅游资讯、体育旅游项目介绍和预订、体育运动周边产品购买等服务。完善运营呼伦贝尔旅游官方微信、微博，定期更新体育项目等相关信息，实时发布最新动态。提供体育旅游资讯、预订、产品购买、线上运动项目指导、运动设备租赁等综合功能。

②合理利用线下渠道，与体育文化总局加强合作，共同举办相关大型体育赛事和民族活动，带动体育旅游发展，互利共赢。也可根据不同运动社团的资

源优势和客源优势，加强与例如骑行社团、徒步社团、登山社团等组织间的合作交流，利用群众效应推广呼伦贝尔体育旅游文化。与东三省、京津冀、长三角等国内重点客源市场区域的大型旅行社进行合作。提升呼伦贝尔体育旅游的口碑，之后可全面开拓市场的竞争与合作，互助共赢，共享客源，优化市场营销体系，拓宽营销覆盖范围，提高旅游影响力。

（6）推进"市场竞争、市场监管"有序发展

政府方面应适时出台相关政策，引入市场竞争机制，使体育旅游市场价格更加合理，服务品质更加提升。加大行业管理和市场监管，杜绝不专业、非正规的体育项目景区和场馆的运营，切实保证体育旅游者的安全和实际利益。同时，强化体育旅游项目开发管理，以规划为依据，实行联合审批，使呼伦贝尔体育旅游业实现有序良性发展。

第三节　东南沿海地区体育旅游产业的发展与管理

一、连云港体育旅游产业

（一）连云港体育旅游产业发展现状

1. 连云港体育旅游产业发展现状

连云港位于鲁中南丘陵与淮北平原的接合部，面积 7444 km²，海岸线总长 162 km，它气候温和，寒暑相宜，受台风影响较小。由于气候宜人，风景秀美，使得当地的旅游业得到了快速发展，特别是体育旅游业得到了前所未有的发展机遇，也因此提供了广阔的空间基础。

具体来说，当地的旅游资源呈现出较为典型的特征：第一，自然资源丰富，具有丰富的盐田、滩涂和山脉资源；第二，当地文化鲜明，民俗参与类人文体育旅游资源种类多样。连云港连岛自 1997 年至今连续举办和承办"连云港之夏"旅游节和连云港国际风筝节，近年来承办的赛事活动有国际女子沙滩排球巡回赛中国站比赛、中国·连云港连岛杯自行车赛等，还连续多年承办全国健美锦标赛、马拉松比赛及铁人三项赛。另外，龙舟文化也是近 10 年来连云港体育与旅游资源结合很好的例子。

2. 连云港体育旅游产业低碳化发展的制约因素

从连云港的发展现状来看，影响体育旅游产业发展的制约因素有很多，低碳化发展需要更高的要求，从原材料、资金等方面都需要具备一定的基础，但

这些都是连云港市所欠缺的现实基础，在这样的背景下，连云港市的低碳化发展之路注定会困难重重。同时，还应当达成共识的一点是，低碳发展本身并不一定意味着高速发展，两者之间并不是统一的，注定会存在着主次之分，在这种情况下，连云港市推行的低碳化发展之路势必会使得旅游行业的高速发展受到影响，这也是连云港市在体育旅游产业发展方面需要作出的选择。

（二）连云港市体育旅游产业低碳化发展路径

1. 转变传统观念，树立低碳经济的持续发展理念

当前在低碳环保意识上还没有形成普遍的共识，人们对低碳的认识仍较为模糊和粗浅，尚未认识到低碳行为背后的社会价值，因此，进一步加大宣传力度是非常有必要的，通过宣传，可以让老百姓了解到旅游过程中对环境保护是每个公民应尽的社会责任，是应当积极响应和认真落实的。

除了在宣传方面下功夫之外，还需要政府在政策上进一步进行倾斜，从而使得低碳经济真正获得政策的保驾护航，进而使得低碳经济切实成为可持续的经济活动。另外，在旅游认证体系上也要进一步加强制度，使得低碳作为一项标准来切实贯彻到具体的旅游认证过程中，从而对经济主体和个人的旅游行为产生实实在在的约束力。

2. 创新生产要素，推动体育旅游产业低碳化发展

首先应重点依靠港城依山靠海的优势，加大低碳技术研发力度，通过技术手段使得低碳不再成为虚无缥缈的口号，而是可以切实落实到旅游产业发展中的，对旅游产业链中的每个环节产生实实在在的影响力。也只有如此，才能使得旅游产业的低碳化水平切实得到提高，进而逐渐符合旅游业发展的大趋势。

除了技术之外，人才也是在低碳化发展过程中的一大助力，在人才引进和培养方面，建议加大力度，建立起完善的人才管理机制，对于高素质的稀缺人才要加大扶持的政策，进而使得旅游业能够不断吸纳优质人才，为行业的持续发展和进步提供优质的人才保障。同时，也要在人才培养方面加大投入力度，使得人才能够保持持续的学习力，进而使得整个行业的人才发展实现良性的循环。

3. 调整产业结构，促进体育旅游低碳化模式转型

虽然旅游业发展的步伐较快，但是由于产业结构尚未升级，日益与发展着

的旅游产业的升级要求相悖，进而亟待进行模式转变。体育旅游业也是如此，行业性的分工仍然处于较为混乱的状态，高碳细分产业的占比仍然较高，低碳产业的比重持续走低，在这样的背景下，开展产业结构的调整与升级可谓是非常必要也是非常关键的，需要给予产业结构调整方面足够的重视，切实在模式上实现真正意义上的转型，唯有如此，体育旅游业的发展才能在低碳化的道路上越走越远、越走越稳。

4. 优化产业布局，加快低碳体育旅游融合与集聚

除了上文提及的几个方面之外，还需要在产业布局上下功夫，进一步深刻认识和反思当前的产业布局格局，分析现有的产业布局的优劣之处，在此基础上结合体育旅游的竞争优势，重新布局新的产业格局，优化产业链，使得低碳体育旅游行业形成核心的竞争力，在优势集中的情况下开展细化的发展之路，通过生产要素之间的重新排列组合，形成新的发展形势，进而在推动产业发展和产业升级的基础上，试图形成优质的体育旅游的产业的集群化发展态势，真正推动行业的跨越式的发展。

二、上海体育旅游产业

上海市作为中国提高对外开放水平的"探路者"，上自整个城市的经济贸易、科技创新，下至普通老百姓的日常生活、娱乐休闲都紧跟着世界发展的潮流。体育旅游作为一种来自西方的新兴休闲旅游方式，自然而然率先被以上海为代表的国际化大都市所接受。体育旅游一方面依托着上海市繁荣的经济与庞大的消费市场；另一方面凭借着上海市发达的体育竞赛表演业，迅速在这片土地上生根发芽，蓬勃发展。

（一）上海市体育旅游资源现状

上海市人民政府建设和修缮了一大批包括上海体育场、虹口体育场在内的体育设施以及体育场馆。旅游配套设施上，上海交通、住宿、景点景区完善丰富。由上海市承办的国际大型体育赛事众多，其中囊括六大核心品牌赛事。各区县"一区一品"赛事与各类特色商业性精品体育赛事互为补充。上海市体育局竞赛处于 2019 年 4 月 4 日发布的上海市拟举办的国际国内重大体育赛事名单中，全国性（含埠际）41 个项目 93 次，国际性比赛 40 个项目 88 次，合计 55 个项目 181 次比赛。表 6-1 为其中具有代表性的国际赛事。

表 6-1 2019 年上海市部分具有代表性的国际赛事

序号	比赛名称	比赛日期	比赛地点
1	2019 年上海马桥国际半程马拉松赛	1 月 1 日	闵行区旗忠森林体育城网球中心
2	上海静安国际女子马拉松（暨女王跑上海站）	3 月 17 日	静安区大宁郁金香公园
3	2019 年"G60"上海佘山国际半程马拉松	3 月 17 日	松江区欢乐谷公园
4	2019 年第三届上海国际马球公开赛	3 月 11 日	松江区叶榭镇马术公园
5	F1 世界锦标赛中国大奖赛及辅助赛事	4 月 12—14 日	嘉定区上海国际赛车场
6	2019 年上海国际半程马拉松赛	4 月 21 日	浦东新区
7	2019 年上海崇明摇滚马拉松赛	4 月 28 日	崇明区陈家镇贤达学院周边道路
8	EA 冠军杯 2019 春季赛	5 月 1—12 日	市内
9	2019 年上海环球马术冠军赛	5 月 3—5 日	浦东世博园区
10	2019 年射箭世界杯（上海站）	5 月 6—12 日	预赛：源深体育场 决赛：陆家嘴中心绿地
11	2019 年环崇明岛国际自盟女子公路世界巡回赛	5 月 9—11 日	崇明岛域内
12	上海邮轮港国际帆船赛	5 月 10—12 日	吴淞口邮轮港
13	2018—2019 国际剑联花剑世界杯大奖赛（中国站）	5 月 17—19 日	预赛：静安区体育中心 决赛：梅龙镇广场
14	2019 年国际田联钻石联赛上海站	5 月 18 日	徐汇区上海体育场
15	2019 VPS 职业公园滑板赛职业巡回赛上海站	5 月 25 日	市内
16	"一带一路"上海友好城市象棋邀请赛	5 月	静安区上海棋院

所谓参与型体育旅游资源，常指那些能够被旅游者参与的体育活动或体育比赛。2019 年，长三角地区体育产业协作会发布了包含体育旅游线路、汽车运动营地、体育旅游目的地的最佳体育旅游项目奖。上海市的入围项目有佘山旅游度假区、奉贤休闲体育基地、碧海金沙景区、美帆游艇俱乐部、东方绿洲、东平国家森林公园、F1 上海站旅游线路。

表 6-2　2019 年度上海市最佳体育旅游上榜项目

目的地名称	特色项目
上海美帆游艇俱乐部	帆船、快艇、皮划艇、帆板、沙滩排球、法式地滚球、垂钓
上海佘山国家旅游度假区	汇丰杯、沃尔沃中国公开赛、中国房车锦标赛、上海佘山 X-FLY 穿越机国际公开赛、佘山登高
上海碧海金沙景区	索道滑水、动力三角翼轻型运动飞机、龙舟
上海东方绿洲景区	攀岩、高低空拓展、障碍逾越、定向越野、动力伞、热气球
上海奉贤海湾森林休闲体育基地	森林跑马场、森林卡丁车、森林垂钓
上海东平国家森林公园	森林滑草、攀岩、森林高尔夫球、沙滩排球场、森林滑索、彩弹射击

（二）上海市体育旅游市场现状

旅游接待人数方面，根据上海市统计局所提供的数据显示，上海市自 2012 年开始，旅游接待人数稳步上升，发展前景良好。

旅游业收入方面，上海市旅游收入近年来稳步提高，旅游业已经成为上海的主要经济支柱之一。

体育人口方面，上海市经常参加体育锻炼的人口数量比例稳步上升。其中，20 至 29 岁、50 至 59 岁、60 岁及以上群体锻炼人数增长幅度较大。

（三）上海市体育旅游产业的发展特点

体育旅游产品以赛事型体育旅游产品居多。上海市体育旅游资源的开发较不平衡，赛事型体育旅游资源发展较好，而参与型体育旅游资源与怀旧型体育旅游资源相对匮乏。2019 年，上海市拟举办国际性比赛 40 个项目 88 次，全国性（含埠际）41 个项目 93 次，合计 55 个项目 181 次比赛。与江苏省相比，2019 年，江苏省举办国际性比赛 69 次，全国性比赛 59 次，合计 128 次比赛。参与型体育旅游资源开发方面，在中国体育旅游博览会 2018 年发布的体育旅游精品项目入选名单中，上海市体育旅游精品项目（除赛事）入选 6 项，江苏省入选 11 项。

体育旅游产品依旧停留在"门票经济"模式。据 2019 年艾瑞咨询发布的中国景区旅游消费研究报告显示，九成以上游客存在景区内的额外消费行为，且景区内额外消费金额是景区门票价格的三至五倍。我国旅游业已经逐渐向产业经济转型。上海市在体育旅游产品开发方面则稍显落后，体育场馆空间和休闲中心的开发仍需提高，一些上海标志性的赛事场馆，如旗忠森林网球中心等仍以单一的赛事为主，缺乏配套的餐饮、购物、休闲功能。上海周边省市体育旅游业的迅速崛起。上海市的参与型体育旅游与周边其他省市相比较为滞后。由于地理条件的影响，上海市的山、林、河、湖资源相对周边省市来说较为稀缺。参与型体育旅游景点主要集中在市中心周边如崇明、金山等地，布局欠合理。长三角地区其他省市体育旅游业的快速发展对上海市体育旅游业发展造成了很大影响。在 2019 年长三角地区体育产业协作会发布的 51 个长三角地区最佳体育旅游项目中，上海市仅占 7 项。长三角最佳体育旅游目的地上海市 6 项，江苏省 9 项，浙江省 6 项，安徽省 5 项；最佳体育旅游线路上海市 1 项，江苏省 4 项，浙江省 5 项，安徽省 4 项；最佳汽车运动营地图上海市未入选，江苏省 7 项，浙江省 1 项，安徽省 3 项。

第七章 体育旅游发展模式探索——以湖南省为例

素有鱼米之乡美称的湖南，在体育旅游日渐兴起的热潮中，能否发挥本土优势，大力开发体育旅游资源，促进湖南经济的腾飞，是值得研究的问题。本章分为湖南省体育旅游发展的现状分析、湖南省体育旅游发展模式的构建、湖南省智慧体育旅游系统的构建、"一带一部"战略背景下湖南省体育旅游小镇创建路径、湖南省体育特色旅游小镇的开发策略研究——以长沙市靖港古镇为例五部分。主要内容包括湖南省体育旅游发展的优势、湖南省体育旅游发展的弱势、湖南省体育旅游发展的威胁因素、湖南省体育旅游发展模式构建的原则等方面。

第一节 湖南省体育旅游发展的现状

一、湖南省体育旅游发展的优势

（一）地域、文化背景优势

湖南省位于我国东南腹地，处于长江中游，大部分在洞庭湖南方所以称为"湖南"，又由于省内有贯穿南北的湘江所以简称"湘"。东邻江西，西接贵州、重庆，南交广州、广西，北连湖北，是连接东部沿海地区和西部内陆地区的枢纽地带。湖南省有着辽阔的土地面积，占中国土地总面积的 2.21%，东、南、西三面崇山环绕加上丘陵、盆地，是典型的马蹄形地形。

湖南省拥有着丰富的水资源，人均占有量达到 2000 多立方米。它地广物博，环山绕水自然环境使湖南物种丰富。首先矿藏资源十分富足，是著名的"有色金属之乡""非金属之乡"，其中锑的储藏量全球第一；其次湖南省的植物资源也比较丰富种类繁多，群种相对齐全，拥有超过 60 种的珍贵树种，例如银杏、水杉、黄衫等。湖南还有许多珍贵野生动物，如华南虎、金钱豹、穿山甲、羚羊、白鳍豚等。因为地广物博，气候四季分明，湖南省的自然原始环境较为突出，仅国家级自然森林公园就有 35 个左右，如张家界国家森林公园、莽山国家森林公园、大围山国家森林公园、云山国家森林公园、九巍山国家森林公园、阳明山国家森林公园、南华山国家森林会、神农谷国家森林公园、桃花江国家森林公园等。

除去与生俱来的自然地域优势，湖南还有浓烈的湖湘文化，这也是一直以来吸引国内外游客的关键点。湖湘文化具有浓厚的民俗特征和比较固有的历史文化形态。湖湘文化的形成可以追溯到 3000 多年以前的商朝，受北宋文化影响比较大，主要以北部楚文化、百越文化、西部、南部的苗蛮文化为主。"儒学文化"是湖南正统文化，其有"潇湘洙泗"之称，史上宋、元、明时期几次大规模的移民，让湖南的习俗、风尚、思想观念等都受到了巨大的影响，这也就慢慢形成了独具一格的"湖湘文化"。湖南以楚文化为主，湖湘文化的基本精神可概括为："淳朴重义""勇敢尚武""经世致用""自强不息"。再加之，湖南是多民族省份拥有五十一个民族，少数民族人口大约占湖南省总人口的 10%，其中世居湖南的少数民族有 9 个包括苗、土家、侗、瑶等。多民族的组成使湖南文化囊括了广博而又具有特色的民俗文化。近代湖南的红色文化也是享有盛名，不论是在抗战时期的"长沙会战""衡阳会战"还是毛泽东、刘少奇、蔡锷、黄兴等革命先辈都无不在证明湘军的伟大，也一笔笔记载着湖湘的红色文化历程。

不仅如此，据统计全省已发现文物景点 2 万处以上，其中奇峰林立、怪石繁生的武陵源风景区，是中国最先被联合国教科文组织列入《世界文化和自然遗产名录》的自然景点；湖南省拥有中国第二大淡水湖——洞庭湖。除了岳阳楼、千年学府岳麓书院、橘子洲头、桃花源、南岳衡山等各具特色的自然人文景点，更有君山、炎帝陵、韶山、马王堆汉墓享誉中外。一批新的旅游区，如湘西自治州"凤凰南长城"、郴州东江、五盖山、真山等也都在快速发展之中。

优越的地理位置、地域特色、丰富的物产资源。悠久浓厚的湖湘文化使湖南傲立于中部省份，也使其享誉盛名，成为全国乃至世界瞩目的旅游地区，吸引着大量游客的光临，旅游业也逐渐成了湖南支柱产业之一。旅游名气的不断壮大，为体育旅游的发展提供了较好的先决状态；地理环境、地域特色、自然资源也为湖南的体育旅游发展提供了必不可少的资源条件；深厚、多样的文化底蕴融合于体育旅游使湖南的体育旅游发展更富特色。

（二）交通优势

湖南省四面邻省，有着承东启西、南联北进的地理位置。省内交通方便，市与市之间都有铁路相连，市县之间班车往来频繁，县际之间班车从不间断，已建立起铁路、公路、水运、航空相结合的立体运输网络。

湖南省内，京广、焦柳铁路纵贯南北，湘黔、湘桂、石长铁路连接东西。湖南省绝大多数地区都通行了铁路，铁路客运周转量几百亿人次。公路方面现有四条纵向和三条横向国道贯穿湖南省，分别和七十余条省道、各个县、乡（镇）公路融会贯通，形成四通八达的公路交通网。水路方面，湖南省河网纵横交错，水路交通较为发达，拥有的淡水总面积极为广阔。资水、沅水、澧水、湘江等4大水系从西南向东北注入横跨湖南、湖北的洞庭湖（我国第二大淡水湖）再流入长江，湖南五 km 以上河流有 5300 多条，通航大的 1.5 万 km。航空方面湖南省内有五个民航机场，民航客运周转量约 20 亿人 /km。

四通八达便利的交通条件为湖南的体育旅游事业发展提供了非常好的先决条件缩短了体育旅游的时间和地理距离，使地域之间的交流性更强。

（三）经济优势

目前，湖南省的地方经济处于快速发展时期。2020 年上半年，湖南省 GDP 达到 19026.4 亿元，第三产业增长率达到 0.9%。由此可见，湖南省整体经济增长是非常迅速的。

除少数贫困地区外，大部分地区基本实现了九年制义务教育，并且多年来高中毕业开学统考成绩一直保持全国前列：不仅经济和教育，它还拥有领先世界的杂交水稻研究与应用、逐步增强的综合科技实力，而且还有达国际先进水平的人类高分辨染色体技术、"试管婴儿"、银河计算机、地洼学说、齐次可列马尔可夫过程研究等。

全省经济发展一直保持稳步增长，其中许多经济指标的增速都优于全国平均水平，同时不断在开拓创造新的增长动力，通过创新的方式转换、结构的有效调整不断推进湖南的进一步经济增长。湖南省高速发展的经济趋势是体育旅游产业稳步增长的重要保障之一，百姓生活水平随着经济的发展而提升，衣食住行等基本问题已不再只是百姓需求，富余的经济状况使得他们开始趋向于生活品质的追求，而旅游、体育运动等产业能够很好地满足百姓休闲娱乐。健康养生的理念，也就随之增长了体育旅游等相关产业的市场需求量，为体育旅游的发展提供了市场空间。经济的发展还增加了体育旅游发展的外部社会环境，如加大相关体育旅游景点的建设、维护、管理的投入，增加体育赛事的举办和运作投资等，可以为体育旅游提供优良的社会发展环境。

(四) 体育旅游资源优势

1. 自然体育旅游资源丰富

湖南省现在拥有等级旅游景区 75 家，包括 5A 级 2 家、4 级 28 家、3A 级 21 家、2A 级 21 家、1A 级 3 家。有着丰富的山岳、森林旅游资源有利于发展登山、林地探险、攀岩等相关体育旅游项目，如衡山、岳麓山、张家界天门山、武陵源、凤凰山和北风山等。同时，沩山、洞庭湖、东江湖、张家界宝峰湖、郴州苏仙岭等地水城资源丰富风景秀丽、地形奇特，是垂钓、漂流、游泳等水上体育旅游的热门景点。

2. 体育场馆和相关体育设施的逐步建设完善

在过去的几十年里，湖南省的体育场地设施逐步建设完善，为体育旅游尤其是体育赛事旅游的发展提供了基础；据 2020 年统计数据显示，湖南省拥有体育场地 149635 个。其中，体育馆 264 座，运动场 6729 个，游泳池 815 个，各种训练房 7267 个。全省 14 个市、州建有大型体育馆，长沙、湘潭、衡阳、水州、常德、郴州、娄底、湘西自治州均建有体育中心。

体育场馆设施的建设完善，为体育赛事的举办提供了基本条件，体育赛事以及别具特色的场馆是吸引各地体育旅游者的重要部分。如湖南益阳奥林匹克公园（国家 AAA 级体育主题旅游景区），在 2002—2010 年先后成功举行和承办了湖南省第九届运动会、全国女子羽毛球俱乐部总决赛。湖南省第六届残疾人运动会、全国第五届城市运动会羽毛球比赛全部项目、第十九届与第二十届羽毛球世界杯等体育赛事，赛事的举行及公园体育场馆本身的设计特色吸引了无数体育旅游者，也对益阳市旅游业的发展起到了非常大的带动作用。

二、湖南省体育旅游发展的弱势

(一) 体育旅游发展运作机制不顺

在旅游产业统计方面没有相关统计指标。体育旅游的主管部门不够明确，实际管理和运行体育旅游相关活动主管部门不够明确，市场化的运作模式相对较为滞后，限制了体育旅游业的发展壮大。因此，体育旅游发展的体制机制有待进一步明确和完善。

（二）体育旅游专业人才培养缺乏

国内关于旅游业和体育产业相关的专业设置较为健全。鉴于体育旅游发展起步较晚，关于体育旅游人才培养比较欠缺。全国范围内仅首都体育学院从 2020 年开始招收体育旅游专业学生，目标在于培养能够胜任体育旅游公司、体育行政部门、体育旅游规划、赛事开发等方面工作的人才，湖南省则是一家相关学校也没有。近些年，主要依靠旅游院校开设体育相关课程和体育院校开设旅游相关课程，进行培养学生体育旅游相关理论知识和实践技能。专业人才的缺乏也是限制体育旅游发展壮大的重要因素。

（三）体育旅游产品不丰富、资源开发利用不高

①一些散落在地方各处的小型体育场地废置，如长沙市多个社区网球场因缺乏专人看管维护场地被用于停放自行车、晾晒衣被，整体破败不堪，甚至一些修建时间较早的体育场所因为年久设施陈旧缺少维护鲜有人问津，造成严重资源浪费。

②对于一些固有的自然体育旅游资源开发利用不够，湖南省山地、水城资源丰富，但现开发了体育旅游项目的比例并不多，即使开发也仅限于"靠山吃山靠水吃水"没形成体育旅游产业链，以至于发展迟缓。

③湖南省是一个具有强烈的民族特色文化和地域文化特色的省份，却并没有形成自己特有的体育旅游品牌，如湖南汨罗江是屈原投江之地，是龙舟和粽子两项中国重要民俗的发源地，现龙舟竞赛已发展为一项水上体育运动，它不仅被列入中国全国运动会的竞赛项目，而且在 2010 年亚洲运动会被正式列入亚运会众多水上竞赛项目之一，独特的历史文化支撑下湖南省并没有对其深层次的大加开发利用，更没有使其成为自己独具特色的体育旅游项目。湖南省体育旅游的现有规模偏小，而对于具有民族特色的体育项目未很好的开发利用，导致体育旅游产品不够丰富，缺乏高品质的体育旅游产品，所以在某种程度上不能满足体育旅游发展需要。

三、湖南省体育旅游发展的机遇

（一）湖南省旅游经济各项指标稳步增长

截至 2019 年底，我国整个旅游产业拥有 10003 家星级饭店、38943 家旅行社、280 家 5A 级景区，旅游产业体系已经基本形成，而中国旅游经济相关的各项指标已能够基本接近全球旅游发达地区的指标水平。2019 年数据显示湖

南星级饭店 302 家，仅占全国的 3%，这一数据并没有凸显湖南省优势所在，但湖南省不论是星级饭店还是旅行社总数都在逐年递增，其他各项旅游经济指标也都一直保持着较好的增长趋势，这也就将为体育旅游的发展起到了辅助作用。

（二）体育旅游事业对社会经济发展的促进作用越来越明显

据记载，旅游最初的形式其实就是体育旅游，公元前 8 世纪，希腊举办的奥运会就吸引了成千上万的游客从各地赶来，为当地带来非常大的人口流动量。尤其在 1984 年洛杉矶采取商业化运作奥运会开始，每届奥林匹克运动会都给举办地区带来了可观的收益，例如 2008 年北京奥运会就给北京带来了 45 万的旅游人口直接旅游收益 300 亿。

此外，另一个备受关注的体育赛事——世界杯带来的旅游效应也不可小觑，依据官方数据显示，巴西举办世界杯期间一个月内吸引来自 186 个国家的 60 万外国观光客及 300 万国内旅客，举办球赛的 12 个城市将净赚 50 亿美元的观光收益，而之前巴西全年大约只有 600 万游客。2010 年南非世界杯总共有 30 多万观赛观众，除去 38% 是来自非洲大陆的以外，其余旅游者多来自欧洲、亚洲、美洲等地，其中仅中国在世界杯期间进入南非的人数就超 6000 人，为南非经济带来 36 亿兰特的巨大收益，同时一次世界杯承办绝不仅只是一次赛事也不仅仅只是给南非带来一次旅游经济增长，而是会给整个南非甚至整个非洲大陆留下了一笔宝贵历史文化遗产。

再加上一次大型赛事能够带来基础设施建设、经济发展、技能提升、职位创造。国家建设以及国家形象提升，这些体有旅游带来的益处促使包括中国在内的世界上许多国家都在竞相举办一些重要的体育赛事借此来吸引大量游客，如世界杯足球赛、HBA 篮球赛、亚运会、全运会等，这些体育赛事促生的体育旅游业对举办地区的经济社会发展可以起到强大的推动作用。相关体育旅游产业对整体社会经济发展的促进作用越来越明显，也就给湖南体育旅游产业的发展提供了更大的可能性。

（三）政府对体育事业的重视程度和投入不断增加

之前有提到过体育旅游对社会经济发展的促进作用，而以体育为目的体育旅游者不仅带来了直接的体育旅游经济效益，更可以带动当地其他行业如餐饮业、住宿业、娱乐业、其他类型旅游业等；每次赛事或其他大型体育活动的举办都会对基础建设、活动场地建设有完善作用，也会整体提高当地的城市建设水平；还能够加强各地各国之间的文化交流，且对当地具有一定的宣传作用。

这些有利之处也就促使体育旅游事业越来越受到各地政府的关注和重视。国家政策的大力支持和当地政府的建设投入正是体育旅游发展的一大有利契机，为它的发展提供了重要保障。

（四）老百姓收入增加，健身意识提高

根据马斯洛理论得出，人们对体育旅游消费的需求是要建立在比较充足的基本物质消费前提下，这样才能够产生更高层次的消费需求。人们对于体育旅游的消费需求大部分是来自于人们健身、精神、心理和社会交往方面的需求需要得到满足，进而会有意识有目的形成的一种社会性需要。人们生活水平的逐步提高、剩余财富的增加、交通设施的完善、信息媒体的发达。教育水平的提升、医疗保健的进步以及休闲旅游业发展等因素使人类正进入了一个休闲消费时代，湖南省乃至中国都正处于这一时代当中。旅游和体育活动作为休闲娱乐的一种被广大群众所追捧，旅游的本质就是体验，而体育旅游的实质是使参与者能够在体育旅游过程中得到不同的生活体验，从而达到追求自我实现、自我尊重的目的。体育旅游的发展正好可以满足广大人民新时代的需求，是随着社会发展必然会得到更大关注和发展的时代产业。

四、湖南省体育旅游发展的威胁因素

（一）国外旅游业的威胁

虽然体育旅游是当代极具挖掘潜力，并极富市场良好前景的朝阳产业，但国内体育旅游兴起也只不过几年的时间还处在一个起步时期，而其在国外发展历史比较长起步非常早。国外关于体育旅游理论基本形成体系化，而且已成功开发、运行多种体育旅游项目。再加上政策法规及管理机制方面的完善，使得他们具备完整的体育旅游产业链，多元化的体育旅游产品也使其更具备市场竞争力。

中国虽然有着较好的资源条件和广大的市场前景，但还没形成完整的体育旅游产业体系，管理和相关法律法规并不完善，体育旅游的产业理念并没有被旅游业完全重视，体育旅游产品种类也比较单一。这些也就使得湖南省甚至中国各旅游企业和经营者在面对国外旅游公司时体现出市场竞争力较弱。中国拥有着广大的资源和众多的人口，国外各行各业都十分看重潜力强大的中国市场，随着中国加入 WTO 以及国门的全面打开中国经济开始世界化，越来越多的国外公司进入中国市场与国内公司相互争抢市场份额。

近些年来的出国旅游热已经大大影响了国内旅游。这些国家或地区成了国

内旅游的首要竞争对手。而体育旅游产业和旅游业是息息相关的，国外一些国家的旅游业整体发展不错竞争力较强，而国外体育旅游业更是具有起步早、产品多样、运行管理体系完整等优势，一些体育旅游强国如韩国、日本、美国等已经成了国内、湖南省内体育旅游业发展的强大威胁因素之一。

（二）激烈的国内旅游业竞争

各大地区景点的旅游自然资源有着较高的雷同性，对于体育旅游开发深度不足，类似项目的互相竞争不可避免。首先，现今湖南尚未打造出具有自己特色的体育旅游品牌，而中国各省已开始或已致力于特色化体育旅游品牌的建立。如黑龙江省根据自身气候和地理优势将滑雪中心打造成了中国滑雪旅游的第一品牌：大连、厦门、三亚等临海地区根据地理优势致力于潜水、游泳等水上体育旅游项目的开发；蒙古族那达慕大会、藏族赛马大会等都在社会中反响非凡，也都成了湖南省体育旅游发展强有力的竞争对手。其次，赛事的举办是促进体育旅游的有效方式，而一些重大赛事的举办权却竞争激烈，北京、上海、广州、武汉、南京等地区经济发展程度、城市基础建设状态较之湖南都有着明显的竞争优势。来自国内各地区的竞争也是湖南省体育旅游发展不容忽视的强大威胁，所以市场更大化的占领，特色化品牌建立是湖南省体育旅游发展面临的最大挑战。

（三）自然环境的下降与体育旅游开发对环境的破坏

科技的急速发展不可避免地伴随着自然环境的破坏，由于工业、农业等的发展，湖南省各大景区的旅游资源也面临破坏的威胁，例如，环洞庭湖的益阳、岳阳、常德三市的造纸厂，大多数造纸厂都没有根据相关要求配备环保设备，绝大多数工业生活废水不通过任何处理直接排入洞庭湖使得洞庭湖的自然生态环境和水质遭到严重的破坏，干旱时期号称八百里洞庭的湖区几近干涸，湖内鱼虾等生物也持续减少，胭脂鱼、鲖鱼、刀鲚等洞庭湖特有鱼类濒临灭绝，大大阻碍了该地区垂钓等水上体育旅游项目的发展。不仅环境的破坏会制约体育旅游的发展，体育旅游的开发对环境也会造成影响，如用来旅游接待的相关服务设施在服务过程中产生的污物，一些酒店宾馆排出的污水、扔掉的垃圾以及垃圾燃烧所产生的污染气体、旅游者在游览过程中产生的垃圾。旅游汽车、飞机等交通工具产生的废气和噪声等对景点地区的自然环境都会造成一定污染和破坏。所以如何平衡体育旅游开发和环境保护之间的关系，做到科学可持续发展是体育旅游快速发展过程中十分棘手的问题之一。

五、湖南省体育旅游在新环境下的发展走向

体育旅游在新的环境中面临广阔的发展空间，但从目前体育旅游的实际情况出发，未来的方向是可以去准确预估的。对体育旅游在新环境下的发展走向展开分析，为发展策略的制定保驾护航。

（一）体育旅游网络化

体育旅游作为一种新业态，核心依旧是服务。如何保持体育旅游的高质量服务并让更多人被吸引，网络是主要的平台。一方面，体育旅游的相关参与主体可以充分利用网络平台做好前期的宣传工作。目前，我国的网民规模和移动终端的普及率较高，充分利用多平台进行体育旅游项目的宣传，受众面更广泛，也使得体育旅游项目被更多人熟知，所谓的"网红经济"实则也可以涌入到体育旅游的发展中，让体育旅游产业环境得到进一步优化；另一方面，体育旅游拼的是资源和服务，体育旅游的参与者不单单是为了达成旅游目标，更是要通过体育旅游项目在娱乐和休闲中获得健康。为此，应充分利用互联网平台的技术便捷性，凸显出智能化的服务，带给用户更多选择和智能化的旅游体验。体育旅游的网络化是体育旅游走向智能化发展的主要途径。

（二）体育旅游多元化

国人消费水平和消费结构的变化，围绕娱乐休闲的消费比例明显提升，特别是体育旅游兼具了娱乐休闲和强身健体的功能，更是受到欢迎。

目前，体育旅游的项目多是以大众项目为主，如滑雪、马拉松等。但也需要注意，人们对体育旅游的需求开始呈现出个性化的特征。具体表现为一些小众的体育旅游项目开始吸引大量的用户参与其中，如跳伞、射击、攀岩等，都成为体育旅游选择的主要项目。2019 年，我国参加过至少一次户外运动的人数达到了 1.3 亿—1.7 亿人，参与山地户外运动的人数达到 6000 万—7000 万人。从这一数据来看，小众体育旅游和个性化体育旅游备受关注。为此，体育旅游市场在未来的发展中为了迎合大众的需要，将在很长时期以多元化发展为主。

（三）体育旅游时尚化

目前，巨大的健身人群为体育休闲和运动领域带来极大的市场需求，体育旅游将成为一项主要选择，面对数以亿计的人口需要，体育旅游要与时俱进，紧随时代的发展步伐。为此，体育旅游要突出时尚化的发展特征，将智能手环、智能手表等运用到体育旅游的具体实践中，取代传统的体育运动和旅游模式，

让体育旅游成为一种追求时尚的新产物，吸引更多用户参与其中，感知体育旅游的独特魅力，深度挖掘其中的核心价值与内涵。时尚化的发展方向，让传统的体育和旅游的融合焕发生机

第二节　湖南省体育旅游发展模式的构建

一、湖南省体育旅游发展模式构建的原则

（一）国家政策与政府支持原则

湖南省智慧体育旅游模式的构建遵循国家政策与政府支持原则。即湖南省智慧体育旅游模式的构建要符合国家下发的文件要求，并且能充分地利用好国家为开展智慧城市而为企业、政府提供的政策与环境。创建智慧体育旅游不仅是各旅游服务公司的责任，同时需要湖南省政府执行政府职能。政府能从资金、技术、网络宣传等各方面为智慧体育旅游模式的构建提供支持、做出贡献。

（二）全面覆盖原则

湖南省智慧体育旅游模式的构建遵循全面覆盖原则。不仅要在旅游业、体育业发挥到智慧体育旅游模式建设的作用，而且要在交通服务业、饮食服务业、暂住服务业等各类服务业中也充分发挥智慧体育旅游的作用。不仅要使能够快速接受新事物的年轻人体验到智慧体育旅游模式的建设为生活添加的绚烂色彩与便捷的体验，还要让儿童与老年人也能够在年轻人的帮助下熟悉智慧体育旅游，使智慧体育旅游不仅是一部分人的享受，而是全民都亲身体验到的福利。

二、湖南省体育旅游发展模式构建的特点

（一）特色和差异化建设

智慧体育旅游的建设需要各个地区能够实现"拥有自身独有的'创新点'"的"吸睛之处"。每一个景点、每一个项目都能够实实在在的有可观赏性。纵向的使得智慧体育旅游更具体验性。

（二）重视安全保护措施

目前发展火热的诸如玻璃栈道、极限蹦极等体育旅游项目的安全性是旅游者最为关心的内容。在得到惊险、刺激的体育旅游体验的同时，还要能够百分

百地保证旅游者的安全。特别是注意体育旅游参与者中有儿童时要保证随身陪同的监护人能够时刻监督儿童的安全。其次，虽然各体育旅游体验项目中明确的标示了有"高血压、心脏病患者谨慎体验"，却一直缺乏实际的核实与确认。

为了能够减少旅游者的安全隐患，在经营单位履行自身"提醒"义务的同时，还要定期地进行安全宣传，增强旅游者的安全意识。只有在多方面的共同努力下才能够保证真正的"安全无忧"。而智慧体育旅游是基于体育旅游之上形成新型体育旅游模式，则更加需要保证智慧体验无差错。只有做到了万无一失，才能够将智慧体育旅游发扬光大。

第三节　湖南省智慧体育旅游系统的构建

一、湖南省智慧体育旅游系统构建

（一）集成平台

所谓集成平台（Integrated Platform），即系统中各子系统和用户的信息采用统一的标准、规范和编码，实现全系统信息共享，进而可实现相关用户软件间的交互和有序工作。

湖南省各智慧体育旅游景区的信息集成平台数据来源分为三部分：游客的需求信息、景区及旅游企业的服务信息、旅游管理部分的政策信息。通过对湖南各智慧体育旅游景区相关旅游信息整合，实现智慧旅游、行业分析和旅游监管的综合运用。

（二）三大设施

1. 信息基础设施

信息自动获取是利用遥感技术（RS）、射频识别技术（FID）等信息采集技术与设备进行第一手的信息采集，作为湖南省智慧体育旅游系统的前端信息入口。通过网络以及相关服务器等设备，进行信息的高效传输。

2. 数据基础设施

数据集成管理主要是对收集的"湖南省智慧体育旅游系统"数据进行分类整理，根据数据的不同属性，利用数据仓库技术进行归类整理，提高数据后期的使用效率。

3. 共享服务设施

信息共享与服务平台以云计算技术为基础，对数据进行进一步的计算和编辑，为"湖南省智慧体育旅游系统"的三大应用系统提供技术及信息服务，通过数据的输出实现整个智慧旅游系统的信息管理。

（三）四大系统

1. 旅游服务系统

通过访问智慧体育旅游网络服务平台来了解当地智慧体育旅游服务的优点、缺点，从而衡量出行的目的地以及所需准备的物品，以及需要特别留意的地方。而现行智慧旅游的网络服务平台往往希望旅游地的评价都是正面的，而事实上无论是智慧体育旅游服务还是其他与智慧体育旅游相关的内容，不可能做到无时无刻的完美服务，总会因为种种原因导致有个别的旅游者会产生不愉快的旅游体验。而翻阅旅游者体验心得的人常常会自我判断评价的客观性与可信性。因此，网络服务平台要提高旅游地的口碑，防止旅游者旅行心得上弄虚作假，要对信息进行有效的筛选。

2. 政务管理系统

政务管理系统按照业务类型可以划分为：电子政务和资产管理两部分。湖南省智慧体育旅游各景区管理单位众多且办公地点分散，使用电子政务系统可将政务工作做到及时有效的上传下达，加强内部管理、提高工作效率。电子政务系统还包括对政务网站的建设，智慧体育旅游政务网站的建设秉承为旅游者服务的宗旨，主要在交通、医疗方面为旅游者提供便利。为旅游者提供正确、实时的水雨情报、重污染天气警报、地质灾害气象风险预报；指导旅游者掌握旅游景区的交通安全法规与特殊路段等最新的交通道路情况，防止不必要的违章行为的发生；还为旅游者提供定点医疗机构的具体信息。

3. 景区安保系统

安全保障系统通过设备监控以及预警与紧急处理构建。通过湖南省智慧体育旅游景区旅游信息预警服务，避免旅游高峰期游客人数大大超过景区承载力。在景区入口"景区全景引导图"中加入 3D 全息显示技术，使得旅游者更加直观的了解景区分布情况。特别是景区内的山势地形、地下结构、凹陷区域等更加清晰可辨。减少旅游者失去景区方向感的概率。并且，3D 全息显示技术所显示的地图在更新方面能够达到一周内完成更新的速度，工艺成本为零，只消耗工程师的技术编程时间成本。另外，数字 3D 全息显示技术不同于普通的三维电子地图，它不需要类似显示屏、投影仪、3D眼镜等辅助设备的应用，能够完成裸眼3D成像，并且能够智能调节视焦距，能够大幅度地减缓3D成像给观看者带来的眩晕、模糊、眼涩等视疲劳现象。其次，通过多视角拍摄成像后再现景区图像、景区地图显示更加真实、可参考性更高、地图利用率更高、更便捷。

虚拟现实技术又被称为VR技术，在景区入口"景区全景引导图"中将虚拟现实技术与电子地图相结合，使得旅游者能够在查看景区地图是自由选择微观成像地图与宏观成像地图，以满足旅游者不同的需要。在旅游者体验虚拟现实技术时，旅游者能够更加准确地判断地图中显示的距离，使得地图的使用拥有距离可测量性；在旅游者体验虚拟现实技术时，旅游者能够更加直观观察地图，仿佛身临其境一样地了解景区的布置情况，方便旅游者选择与自身爱好相符合的活动进行地点、项目实施地点、休息地点、娱乐地点等。预计虚拟现实技术采用谷歌地图作为显示设备。技术软件预计使用Unity 3D软件。预计交互方式采用点控方式，按钮触控与手势感应等多模式互动，实现集查询、搜索、放大、缩小等各种功能多位一体的智能地图导向作用。

智能安保系统包括电路智能化设计与控制管理、数字化安全防控监视技术、出入口控制系统。此外的场馆照明、员工通信设备、扩音设备管理均采用现有智能化技术，暂缓改进。首先，在电源控制方面为了能够及时发现电路的电流异常问题，智慧体育旅游部分场馆将使用智能一体化配电柜。正常运作时当分路电流超过电流设定警报值时发出警报，从而能够提前检测电路故障或人为操作导致的电路隐患，避免出现电流过载开关完全关闭，影响整体设备的正常运行。

4.旅游营销系统

多媒体体验与营销系统通过视频、图片、3D动画模拟等手段全面展示景区的全图，提高游客的感官体验，加深对景区的了解。如在景区入口"景区全景引导图"中加入3D全息显示技术，使得旅游者更加直观地了解景区分布情况。还有虚拟现实技术（VR技术），在景区入口"景区全景引导图"中将虚拟现实技术与电子地图相结合，使得旅游者能够在查看景区地图时自由选择微观成像地图与宏观成像地图，以满足旅游者不同的需要。在旅游者体验虚拟现实技术时，旅游者能够更加准确地判断地图中显示的距离，使得地图的使用拥有距离可测量性。而多媒体体验分享系统可以为游客提供用户发表自己的旅行体验的平台，通过互联网分享个人游览攻略、经历等，实现对景区的宣传和推广。

（四）六项保障

1. 资金投入

湖南省智慧体育旅游系统建设需要政府扶持，同时积极吸收社会闲散资金，建立多元化的融资渠道。关注国家、省级部门对湖南省智慧体育旅游系统建设，争取财政资金、科研立，为湖南省智慧体育旅游系统建设提供财政支持，积极开展与旅游企业的合作，吸引社会资金进入，作为智慧体育旅游景区建设的资金补充。

2. 信息技术

世界经济的一体化进程，决定着信息技术在旅游业发展中起到越来越重要的作用，湖南省智慧体育旅游系统建设其发展必须始终把握技术发展方向，对湖南省智慧体育旅游系统不断改进，所以湖南省智慧体育旅游系统的建设是一个动态升级的过程。

3. 管理政策

强化组织，加强领导，明确分工，将责任落实到个人，加大政策扶持，充分整合资源，实现专款专用，为湖南省智慧体育旅游系统建设提供财力支持，制定相关政策，使具体工作的开展实施做到有章可循。

4. 制度标准

湖南省智慧体育旅游系统建设：首先，要遵循国家相关部门制定的有关技术规范。其次，要根据湖南省的特点，制定特色的行业规范与标准，促使旅游标准化工作逐步走向规范化渠道。同时在制定标准的规范制度要密切联系实际，在标准制定过程中广泛征求意见，更多地体现市场、企业、消费者的意见。

5. 人才保障

信息技术方面人才的引进与培养，是湖南省智慧体育旅游系统建设的关键部分。一方面，从信息技术行业招收具有专业技术背景的从业人员，为湖南省智慧体育旅游管理部门和信息化机构输送高层次人才，另一方面，对旅游行业从业人员进行信息化建设专业知识的培训与辅导，适应湖南省智慧体育旅游建设的需要。

6. 安全保障

景区发展必须把安全放在首位，认识安全与发展的共生关系，高度重视景区的安全对湖南省智慧体育旅游系统是至关重要的。湖南省智慧体育旅游系统的安全问题涉及信息安全、系统安全、设施安全等各个层面，关键是如何利用信息技术保障湖南省智慧体育旅游的管理与服务，信息技术此时表现具有双面性，在系统设计之初就需要控制风，确保3个平台及4大系统的安全运行。湖南省智慧体育旅游景区有时可在景区成立景区安全领导机构，实施安全管理责任制，全面发展景区景点的安全工作。

二、湖南省智慧体育旅游发展策略

（一）开辟体育旅游市场

体育旅游的市场广阔，但如何持续地挖掘体育旅游的广阔空间，与发达国家的体育旅游保持高度一致，成为目前我国需要去思考的主要问题。目前，我国体育旅游市场的开发程度不够深入，停留在浅层次上。为此，体育旅游的相关主体要发挥自身的资源优势，不断去探索和尝试新的途径，摸索新的发展思路。如相关主体要做好对体育旅游市场的调研工作，在了解市场规模和未来的发展预期后，确定投入比例，做到资源的合理配置，成为体育旅游的提供者。

同时，在体育旅游产品开发、推广和营销、宣传等方面，都需要有明确的流程支持，只有体育旅游市场呈现出秩序化的发展模式，才能够确保体育旅游的市场空间被进一步地扩大，吸引更多主体参与到体育旅游的开发中，让更多的新颖、优质、富有个性的产品供更多人去选择。规模化的发展是开辟体育旅游市场的根本，也是体育旅游快速发展的前提条件。

（二）顺应消费升级，推动高质量发展

1. 深化资源配置和开发

职业岗位和人口结构的多样性，决定了人民对于体育旅游消费需求形式的多样性。从宏观领域看，当前体育旅游消费差异化趋势明显，传统体育旅游在内容、功能、模式和时间上都难以满足多样性人口结构的需求，要满足人民群众日益增长的体育旅游多元消费需求，必须丰富供给，提供多样性和针对性的体育旅游产品。

湖南省体育旅游资源丰富，不但有优美丰富的自然地理资源，而且也有悠久厚重的人文资源。通过"供给侧改革"来实现体育资源的最优化配置，优化产业结构，提升市场在资源配置中的能动性，激活体育旅游资源主体活力，为不同群体提供区别性体育旅游消费内容和形式，可以有效解决安徽省体育旅游消费的多元化需求问题。

2.加强产品文化创新

进入新时代，我国居民消费需求已经从数量型转向质量型，对产品和服务质量要求越来越高，相应地，对湖南省体育旅游消费市场在高质量、品牌影响力强的消费产品供给方面提出了需求。产业升级是消费升级的先决条件，通过"供给侧改革"提升体育旅游业产业链水平，通过科技创新，不断提高全要素生产率，推动消费升级，才能解决好高质量体育旅游消费产品供给问题。

湖南省体育旅游消费高质量发展应从加强体育旅游产品的文化创新入手，让湖南省独具特色的徽文化、淮河文化、巢湖文化、皖江文化、红色文化、宗教文化、曲艺文化、诗歌文化等内在文化基因发挥作用，使体育旅游消费从身心体验—健康促进—价值体现中得到文化要素熏陶，构建不断发展的螺旋上升的体育旅游消费价值理念。就手段而言，有关部门应积极打造具有自主知识产权和地域特色的品牌赛事，不断提升产品的品牌价值，使文化影响力产生更大社会效应；持续促进文化价值汇聚更深的社会吸引力，逐渐完善市场供应体系，实现文化主旨贯穿全产业链。

（三）建立体育旅游动态监管机制

随着体育旅游市场规模的不断扩大，参与主体的数量逐年攀升。需要注意的是，体育旅游的发展要以专业化为前提，打造更多优质项目至关重要。为此，政府等相关主管部门要发挥自身作用，建立动态的监管机制，适当地提高市场准入门槛，并注重对各个体育项目开展跟踪性的监管，保证体育旅游项目的有序开发，避免资源浪费和无序开发行为的出现。建立动态性的监管机制，是体育旅游健康发展的主要保障机制。

总而言之，体育和旅游的融合已成必然，在全新的消费升级环境下，如何持续挖掘体育旅游的核心功能与价值，还需要制定明确的发展策略，通过策略支撑为体育旅游的持续发展提供保障。以体育旅游市场的横向和纵向探索为基础，打造良好的市场环境。并依托体育旅游专业人才的培养，提供优质的服务模式。最终在动态的监管机制下，保持体育旅游良性发展。

（四）培养体育旅游专业人才

体育旅游广阔的市场空间，需要大量优质人才提供支持。从目前我国体育旅游的发展速度和人才供给情况看，两者的主要矛盾依旧存在，为确保体育旅游的不断发展和进步，需要培养体育旅游专业人才。

①体育旅游的相关主体要做好内部的员工培训。体育旅游在发展中逐渐开始走向专业化的发展道路，对内部员工的培训也要提上日程。通过多途径让内

部员工的服务意识得以强化，掌握更多的服务技能，为参与体育旅游的主体提供更专业化的服务，在体育旅游中获得良好的参与体验。

②各地方政府要联合体育旅游主体、高校形成一体化的发展模式。高校开设相关的体育旅游专业，利用教育平台的优势不断地培养和输送大量的优质人才，满足体育旅游主体的人才需要，并通过优质的服务打造区域体育旅游品牌，让地方经济环境得以改善，形成互惠互利的发展格局。优质人才的培养与输送，对体育旅游的长远发展有重要意义。

（五）明确智慧体育与体育旅游融合方向

在推动智慧体育与体育旅游融合的过程中，参与主体需要做好以下几个方面的工作。

①参与主体需要推动智慧体育旅游产品与服务的差异化发展。虽然智慧体育本身就是体育旅游发展中的亮点，但是如果仅仅重视发展智慧体育而忽略自身产品与服务特色的打造，则容易走入产品与服务同质化的误区，为此，参与主体需要充分发挥智慧体育所具有的优势，并依托自身产品与服务优势，走出差异化、品牌化智慧体育旅游发展路线。

②参与主体需要重视做好配套设施建设工作。配套设施建设是推动智慧体育与体育旅游实现深度融合的基础，也是充分发挥智慧体育旅游优势的关键，如在体育旅游景区，有必要提升接待中心、停车场等场所的智能化管理水平，并通过设置智能联网指示牌、旅游路线定制平台等，为消费者从智慧体育旅游产品与服务供给中获得更好体验。

③区域间不同旅行社、景区需要强化智慧体育旅游资源共享，从而实现智慧体育旅游资源共享共建，进而在智慧体育旅游资源开发成本的基础上，促使区域间智慧体育旅游形成合力并展现出更大的影响力与吸引力。

（六）为智慧体育旅游发展提供技术支撑

智慧体育旅游产业的发展，离不开先进的技术以及完善的系统和平台作为支撑。从技术支撑来看，物联网技术中的 RFID 与 GPS 能够应用于电子门票系统以及定位系统，从而优化服务咨询、购买、接待以及售后工作，而移动通信技术则能够为不同智能设备之间的连接以及不同技术之间的融合运用提供支撑，大数据技术与人工智能技术的应用价值主要体现在对信息的收集与分析以及围绕信息分析结果为消费者提供个性化、智能化的服务，由此可见，在推进智慧体育与体育旅游融合的发展过程中，需要重视对这些技术进行综合运用。

在应用这些技术的基础上，智慧体育旅游发展主体还需构建信息集成平台、旅游服务系统、旅游营销系统等，从而有效提升数据管理水平与服务质量、推进信息共享并展现信息价值，进而有效提升智慧体育与体育旅游融合成效。

（七）构建多元主体协同参与的发展机制

智慧体育与体育旅游之间的融合，需要多元主体的参与。

①政府部门在推进智慧体育与体育旅游融合的过程中需要发挥出主导与支持作用，在制定智慧城市发展规划的基础上，将智慧体育旅游发展纳入智慧城市打造与发展规划当中，并通过整合区域科研资源、开发区域创新平台，为智慧体育旅游的发展提供人才支撑与技术支撑，进而确保智慧体育旅游能够得以持续发展。

②优秀的智旅游服务网站也需要参与到智慧体育与体育旅游融合发展的过程当中，通过开发智能化系统，对智慧体育旅游服务中的票务管理、凭证管理、市场行情监控、消费者行为调研等进行整合，从而在提升体育旅游管理工作成效的基础上，为消费者带来具有一体化特点、智能化特点的服务体验。

③旅行社、景区等是推动智慧体育与体育旅游融合过程中不可或缺的主体，这是因为旅行社与景区是体育旅游产品与服务供应链中的终端，消费者通过智慧体育旅游所获得的体验，在很大程度上由旅行社、景区所供给的产品与服务质量所决定，为此，旅行社与景区需要认识到自身在智慧体育旅游发展中的重要地位，并深度参与到智慧体育旅游发展过程当中。

（八）充分利用新媒体手段，做好生态体育旅游的宣传推广

随着新媒体、自媒体的盛行，人们的生活与信息获取与其联系紧密。因此，体育旅游的宣传形式也不能传统单一，要充分利用互联网新媒体等多样化宣传手段。互联网新媒体的发展给第三产业的发展提供了一个丰富的平台，给我们带来一个新的营销方式。湖南省应该充分抓住这一机遇，利用好互联网这个平台，找准湖南省的生态体育旅游定位，建立自身特有的产品推广策略，利用网络的力量加强宣传，做好生态体育旅游产品的推广。让消费者可以实时掌握动态，最终刺激其自愿消费。

第四节 "一带一部"战略背景下湖南省体育旅游小镇的创建路径

一、"一带一部"战略背景

2013 年 11 月，习近平总书记在湖南省考察时作出"一带一部"发展战略的重要指示，此战略为湖南经济和社会发展指明了总体方向，而大力推进体育与旅游产业的融合发展对于此战略的实施发展具有极其重要的作用。体育旅游是将体育和旅游有机结合，从而推动其共同发展的一种新兴产业，它对于创新发展旅游业，拓宽人们对于体育消费的领域，加速农村经济进步具有极其明显的作用。"一带一部"战略确立后，湖南省积极利用其导向作用，积极把区域优势转变成发展优势，努力使湖南的经济和社会得到更加大力的发展。体育旅游小镇，是以体育运动为中心、以"体育 + 旅游"综合一体化为特点而建设的集旅游度假、体育运动、文化教育等功能于一体的特色小镇。

湖南省曾被全球著名出版机构《孤独星球》评为"2018 年世界十大物超所值的旅行目的地之一"。所以，瞄准"一带一部"战略定位，深化文旅融合，从而推动湖南社会和经济高速高质进步，极为重要。《体育发展"十三五"规划》中，明确体现了"体育强国"，利用冬奥会发展体育消费等思想，这表明加速"体育 + 旅游"创新融合发展重要且必要。从另一方面来看，实现湖南省民族文化与旅游业协调发展的必要手段之一是极力推动体育产业与旅游产业高度融合。

二、湖南省体育特色小镇的旅游资源优势

（一）小镇具有优美的生态环境

湖南省拥有丰富的自然资源，拥有优质的生态环境资源。基于"一带一部"倡议的新发展趋势下，我省有力地推进"生态资源 + 体育产业"的共同建设发展，将旅游产业与体育产业有机结合，为游客精心打造了"旅游 + 体育"多方位综合一体化的"人间仙境"。湖南省益阳市东部新区鱼形湖体育小镇因背靠青山似一条昂首摆尾欲飞的鲤鱼得名，波光粼粼、鱼翔浅底，使得游客心旷神怡。此外，碧云峰位于鱼形湖体育小镇之中，因为碧云峰形似九江匡庐，故自古被称为"小庐山"。湖南省浏阳市沙市镇湖湘第一休闲体育小镇以嵩山、赤马湖的山水美景而出名，森林覆盖率达 90%。沙市镇湖湘第一休闲体育小镇在 2014 年获评为"全国三十个水利精品风景区之一"，在 2015 年被评为国家 AAA 级

景区。湖南省长沙市望城区千龙湖国际休闲体育小镇是国家 AAAA 级景区，其主要景点有以十二星座文化为主题的星座岛、以碧波荡漾的湖心岛为核心的薰衣草园，更有被评为"新潇湘八景"的千龙八景，每一处美景都有着动人的传说。

（二）小镇具有优越的地理位置

交通便利是旅游业发展的关键因素之一，也是打造体育特色小镇的必要条件。湖南省郴州市北湖区保和瑶族乡小埠村精心打造的运动休闲特色小镇地理位优越，不仅离郴州中心区很近，而且其离夏蓉高速出口、高铁站的距离均约10 公里。湖南省益阳市鱼形湖体育小镇位于长沙市与益阳市两城中心，离长沙经济圈仅要半小时，可视为大长沙的近郊区，现有多条高速可快捷到达，因此拥有独特的区位优势。湖南省长沙市望城区千龙湖国际休闲体育特色小镇距市区约 30 公里，附近有长株潭文化经济圈，交通密布，高速覆盖全境。

（三）小镇具有浓厚的体育文化内涵

"体育旅游小镇"是在"体育＋旅游"的产业资源多方位综合基础上，集健身、竞赛、度假、疗养、休闲、娱乐、教育、会议为一体的生活空间，引入了特色运动竞赛或体育休闲项目，不仅是体育产业基地还是全民健身发展平台，具有浓郁的城镇生活文化氛围。郴州市北湖区小埠运动休闲特色小镇位于郴州市瑶族乡小埠村，不仅可以欣赏到优美的风景，还可以领略小镇文化的风采，例如崇圣书院、莲湖禅院等。此外，小埠古村拥有悠久历史，始于东汉早期，现存有 50 点的明清古民居。益阳市东部新区鱼形湖体育小镇是原来的援外基地，现遗留下医院、军营等 69 栋重要历史建筑，具有浓厚的文化底蕴，其孕育了唐九红、龚智超等一批闪耀世界体坛的冠军。

（四）小镇具有独特的体育产业优势

随着"健康中国，全民健身"战略的提出，"一带一部"战略的稳步发展，人们的健康意识越来越强烈，我国的体育产业也得到了快速的发展，取得了很大的进步。近几年，湖南省打造了集"旅游度假＋文化休闲＋运动养生＋体育产业"为一体的新兴产业综合体，形成体育、休闲、娱乐等完整的体育产业链，满足了不同年龄段人群的体育需求。目前，郴州市北湖区小埠运动休闲特色小镇已拥有 36 洞国际锦标赛高尔夫球场、生态体育园、五星级度假酒店等体育旅游项目。小镇已获评中国高尔夫球协会授予的中国高尔夫青少年训练基地，并先后成功举办国家级场地汽车越野赛、中国汽车拉力锦标赛、青少年高尔夫球积分巡回赛等重大赛事。益阳市鱼形湖运动休闲特色小镇位于广阔丘陵地带，以户外运动、文化赛事为特色，致力于打造全国顶尖户外运动基地、全国知名体育旅游休闲小镇。长沙市望城区千龙湖国际休闲体育小镇是华中地区最大国际性垂钓基地，作为我国八大龙舟标准赛区之一，拥有300亩国际垂钓主题园基地，6个专业竞技池、24个休闲垂钓池，满足专业级赛事需要。浏阳市沙市镇湖湘第一休闲体育小镇主要以"动感户外健身体验区、水上运动场馆体验区和乡村民俗运动体验区"三大运动体验区为核心，精心打造集体育、休闲为一体的生态旅游景区，其中嵩山森林体育公园主打球类运动和自行车赛道等体育项目，赤马湖水上运动基地则主打滑水、龙舟体验等体育项目。

三、湖南特色小镇对地方旅游的促进作用

（一）促进了体育产业的发展

目前，体育产业在健康产业中占有重要地位。随着旅游＋体育产业的发展，具有体育特色的城市将迎来巨大的发展机遇。虽然我国体育旅游的发展还处于起步阶段，但市场潜力很大。与传统产品相比，体育相关产品不处于淡季，市场利润率高。随着户外山地运动、水上运动、冰雪运动等的快速发展，一系列的健身休闲产业已经兴起，具有体育特色的小城镇也成为人们关注的焦点，未来，登山、跳水、滑雪、自行车等新体育项目将注入体育城，成为建设一个特殊的体育城市。体育产业将从追求规模扩大到提高质量和竞争力。

（二）有利于体育旅游小镇品牌建设

在当前的体育赛事中，体育城的保费不断增加，这个体育旅游小镇只能打造自己的全新品牌，体育城市最重要的选择之一就是利用体育文化打造运动效应。所谓体育文化是相对兼容的，它不仅是体育过程中所使用的基本要素，还包括体育过程中体育实体的其他方面。对于城市体育行业来说，文化效应是文化意义中的一个重要意义，如果完全脱离体育文化，最有可能的文化效应大多来自体育文化，体育生活的内部劳动力将完全丧失，最终导致体育效果的建构。这就导致了体育城镇建设的失败，因此在建设体育城镇的过程中必须充分发挥体育的能量，构建体育的体育效应。

（三）体育文化是推动体育旅游小镇可持续发展的重要力量

城市对体育旅游的定义表明，文化多样性和生态条件的多样性是体育旅游城市的两大组成部分，因此对于体育来说，其本质功能是旅游休闲，旅游小镇

必须具有一定的文化内涵，才有可能进一步可持续发展，特别是旅游小镇体育文化必须具有以下两个性质。

1. 与环境的协调

体育文化与环境虽然是体育城市的两个不同组成部分，但要满足消费者的体育消费需求，体育文化与环境必须有一定的协调性。

2. 可持续性

虽然生态是城市体育旅游可持续发展的基础，但如果缺乏体育文化，城市体育对消费者的吸引力必然降低，最终会完全同质化地下降到最高水平，并将继续影响体育城旅游业的发展。

（四）有利于促进城市形象的提升

体育特色小镇以城市化建设为契机，参照国家 3A 风景区的标准建设，对改善地区容貌有很大意义。

①在环境方面要适应蓝天白云、洁净的地面、空间布局和自然环境，有完善的垃圾处理系统。

②在交通方面，高速有出口，铁路有站台，公路贯穿城镇，交通四通八达。

③在认知度方面，有特点举办各类规模竞赛和各类培训活动，有利于提高地区知名度。

④在公共服务方面，特色小镇促进城市基础体育设施建设，便利完善制度，吸引人才，提高体育服务质量为了满足全国人民的健身需求，增加居民的幸福感，发挥着重要的作用。

建设具有体育特色的小镇，可以有效促进全民健康，增强全民精神，是促进全民健康的重要手段，是推动健康中国战略的有利把握。同样，小城镇建设的第一个规模，以及内部环境的一系列改善，对提高城市形象具有重要意义。

四、存在的问题

（一）体育特色小镇与旅游相关产业链规划尚不完善

体育特色小镇是各个方面融合的新兴产业，是为了实现运动休闲与体育旅游、体育文化等相关产业的融合共享发展。在这五个体育特色小镇中，虽在努力推进长沙市千龙湖国际体育休闲小镇和历史文化名镇靖港古镇两个景区的融合发展，但益阳市东部新区鱼形湖体育小镇、郴州市北湖区小埠运动体育休闲特色小镇存在着：体育旅游产品不融合，体育产品的设计、开发质量低；发展理念不融合，与促进生产、生活、生态"三生融合"的发展理念相背离；体育产业之间融合度不高，大多数产业独自运营，发展规模较小等问题。

（二）体育特色小镇知名度不大

在五个小镇中，虽有宣传较好的长沙市千龙湖国际体育休闲小镇，建立了独立的官网，郴州市北湖区小埠运动休闲特色小镇成功举办了中国汽车拉力锦标赛、青少年高尔夫球积分巡回赛等重大赛事，但其他体育特色小镇宣传力度不够，缺乏特色活动的举办，没有真正调动居民参与到体育旅游的宣传当中。缺乏体育相关字眼的网络宣传，没有充分利用现代网络进行宣传，导致这些小镇知名度不大，不温不火。

（三）缺乏以体育为主导的产业，体育文化资源开发不足

尽管这五个小镇被列为国家首批运动休闲特色小镇，拥有民族传统体育开发资源和生存的土壤环境，却没有通过市场调研、获取市场消费需求等方面的情况，打造出独具特色的体育旅游项目和体育产品，而仅以农家乐、民宿等为主，大部分产业依靠旅游业来带动地方经济的发展，而忽视了体育文化资源的持续开发。

五、解决措施

（一）完善"体育＋旅游"的产业发展体系

体育特色小镇一定要跨界融合，要有"体育＋"的思路，本质上将要有可消费的服务项目和产品。采用联合政府举办文化节、贴牌认证产品、直播特色体育赛事、旅途点评互动后台等创新型措施，打造更具人性化、品牌化、个性化的"体育＋旅游"的体育特色小镇；将单一的产品服务结构有机成链式产品服务结构，打造"体育休闲＋体育旅游＋特产销售＋……"的链式结构，力创品牌特色，不断完善"体育＋旅游"的产业发展体系。

（二）加大对体育特色小镇的宣传

体育特色小镇可以运用互联网、公众号、短视频等形式来进行宣传，积极响应国家政策发展体育运动，增强人民体质；为周边市民提供免费的运动设备及其场地，丰富居民生活，线上线下联动，提升体育特色小镇的知名度；发展当地特色体育运动，形成小镇特色体育文化，并将独特的地方文化和体育文化，打造成当地体育小镇特色名片；在体育小镇内，创办体育青年宫、体育学校等，

以加强人们体育知识技能的普及，为小镇长远发展蓄力；举办特色文化节向新老旅客邀请致函等，加强小镇与旅客之间的人文关怀，吸引旅客前来体验。

（三）突出体育特色，加快体育产业链的建设

根据地方特色，布局多个运动休闲项目，把体育健身休闲与农牧体验、工艺体验、运动体验活动、民俗体验等相结合，满足不同客人不同层次的需求；打造赛事、体育休闲等特色体育项目，融合高科技元素强化服务，将体育科技、文化、旅游等有机结合，形成以体育产业为核心，以体育旅游、体育影视等为特色，以体育产业服务为有效延伸的产业链。

第五节　湖南省体育特色旅游小镇的开发策略——以长沙市靖港古镇为例

一、综述

靖港古镇千龙湖休闲体育小镇在 2017 年被入选为国家体育总局公布的"第一批全国运动休闲特色小镇"试点名单，晋级成为"国字号"，为靖港这一历史文化名镇再添新名片。近年来，小镇在当地政府及体育教育主管管理部门指导下，依托千龙湖的优质企业自然环境资源，紧紧围绕"体育＋旅游""体育＋农庄""体育＋健康中国养生"的战略研究目标，累计进行投资近 5 亿元，形成了集体育文化休闲、湿地休闲、农耕生活体验、旅游度假、商务工作会议于一体的生态文明旅游景区，为世界提供休闲特色农业与乡村建设旅游服务城市（城区）联盟峰会永久会址。体育与休闲旅游的高度结合不仅让当地经济得到快速发展，也让国家的城镇化进程加快。体育特色旅游小镇的打造是现在"大健康"趋势下的大势所趋，是国家实现经济转型升级的另一个途径，千龙湖休闲体育小镇就是体育特色旅游小镇的一个重要典范。

二、靖港古镇发展体育特色旅游小镇的可行性

（一）何为体育特色旅游小镇

体育特色旅游小镇，是以运动休闲为主题打造的具有自己独特体育企业文化精神内涵、良好体育产业经济基础，集运动休闲、文化、健康、旅游、养老、教育技术培训等多种不同功能于一体的空间区域、全民健身行业发展提供平台和体育产业基地。建设具有体育特色的旅游小镇，有利于培育体育产业市场，

吸引长期投资，促进城镇体育、休闲、旅游、健康等现代服务业良性互动发展，促进产业集聚，形成辐射带动效应，为城镇经济社会发展增添新的动能。切实推进以乡镇为重点的基本公共体育服务均等化，促进全民健身与乡镇卫生服务深度融合、协调发展。

（二）靖港古镇发展体育特色旅游小镇的优势

1. 地方特色

靖港古镇位于湖南省长沙市望城区西北，东濒湘江，与铜官镇隔江相望，南临老沩水，西与格塘接壤，北面毗邻乔口镇。地处湘江南岸，曾为三湘物资集散的繁荣商埠，美曰"小汉口"。

靖港古镇是湖南省历史文化名镇，扼湘江逆上长沙之要冲，历来为兵家军事必争之地。靖港已有上千年历史，其名字是为了纪念唐朝将军李靖而流传下来的。2008 年 7 月，井冈古镇保护开发工作正式启动。作为一个中国经济社会主义历史文化名镇，靖港的发展企业战略管理目标进行市场定位为国家 5A 级旅游城市文化景点，成为长株潭城市群中独具特色的都市型休闲度假基地。

2. 旅游特色

近年来，小镇依托千龙湖的优质自然资源，累计投资近 5 亿元，形成了集体育休闲、湿地休闲、农耕体验、旅游度假、商务会议于一体的生态旅游景区，为世界休闲农业与乡村旅游城市（城区）联盟峰会永久会址。2016 年，全国共接待游客 80 万人次，旅游和农产品总收入过亿元。

小镇现保存"八街四巷七码头"，民居 1008 栋，主街道长 1275 m，有数十处古商铺、作坊、会馆、庙宇和极具历史纪念活动意义的遗址，其中，宏泰坊、宁乡会馆、当铺、育婴堂等明清中国古建筑进行保存一个较为系统完好。沿河而建的房屋都是吊脚楼，具有江南水乡的独特风貌，蔚为大观。古镇还以几座宗教建筑闻名于世，如复兴塔、观音寺、紫云宫。

3. 交通便利

体育特色旅游小镇的开发和建设，需要发达的公共交通系统，可以更好地提供便利和各项服务。千龙湖国际休闲体育小镇位于望城区靖港镇格塘乡，距离长沙市区 30 km，距望城城区 12 km，区位优越，交通便利。

长株潭文化经济圈紧邻旅游人群，河网密集，岳林高速贯穿全境，距黄花国际机场 40 km。

4. 国家政策支持

位于靖港古镇的千龙湖体育休闲小镇是国家体育总局公布全国第一批运动休闲特色小镇。丰富多彩的体育盛事和大型体育活动，在全镇体育休闲市场上掀起了热潮，成为千龙湖国际休闲城的一大特色。

千龙湖景区内风光秀丽，孕育了千龙湖八大必逛景点，人称千龙八景，此外先后被评为"新潇湘八景""国家湿地公园""国家水利风景区"。

5. 办会和办赛经验

小镇作为华中地区最大国际性垂钓基地，已经举办了国内、省内钓鱼活动40多场，并成功举办了全国老年人体育健身大会。300亩国际垂钓主题园是华中地区最大的垂钓基地，6个专业竞技池、24个休闲垂钓池不仅能满足专业级赛事需要，还能开展群众参与性强的休闲活动，形成了完善的垂钓产业链。

小镇有水域进行面积2800亩，是国家发展八大龙舟文化标准赛区之一，每年都会举办盛大的龙舟表演，还要承担全省许多重要比赛，以水上龙舟比赛和钓鱼比赛等水上项目为主，在赛事组织和赛事举办上积累经验，每次大型比赛都取得了圆满成功。

目前，已形成了以钓鱼、龙舟等体育为主要休闲产业特色的旅游城镇。同时着力开发了水上自行车、水上高尔夫等水上运动休闲项目。

6. 配套设施完善

靖港古镇千龙湖会议中心设施完善，设备先进，功能齐全。会议室功能多样，类型多样，包括13个大小会议室，可满足各类会议需求。

此外，还建有能容纳1200名观众的文化发展建设国家体育馆，内设篮球馆、乒乓球馆、羽毛球馆等，以及企业进行分析户外体育活动可以拓展学生教育教学基地、帐篷生活营地、风筝运动中心广场、沙滩排球场、6 km环湖赛道、自行车旅游交通专用道等。室外拓展训练基地功能齐全，拥有高空工程、水利工程、野外工程、野外工程等全省最专业、训练设施最先进的拓展训练基地。生态、绿色、休闲体育设施齐全，可以满足不同运动爱好者和休闲爱好者的需求，举办的龙舟竞渡、帐篷节、风筝节已成为长沙体育休闲三大品牌节。

7. 发展前景较好

近年来，中部崛起战略的推进，极大地推动了湘、鄂、豫、皖、陕、赣中部六省经济的快速发展。随着中部地区经济的快速发展，人们对体育休闲旅游的需求会越来越高，游客数量会越来越多，休闲旅游的前景也会越来越广阔。

（三）靖港古镇发展体育特色旅游小镇的劣势

1. 社会知名度低

当前，随着信息产业的快速发展和信息的快速更新，千龙湖国际体育休闲小镇在研发过程中对外宣传力度不够，社会知名度小，旅游产品选品意识淡薄，信息传递不够迅速。

2. 相应的产业链规划尚不完善

随着千龙湖国际体育休闲城配套体育场馆的建设，体育文化园区等相关产业链并不完善。在靖港古镇千龙湖国际体育休闲城的发展过程中，体育旅游和体育文化节一直是该城发展的重要推动力，但千龙湖国际体育休闲城体育特色不突出，没有形成鲜明的体育特色，不能形成较高的知名度。

3. 各类特色体育休闲小镇旅游的竞争日趋激烈

在社会主义经济不断发展的大背景下，新农村文化环境建设的过程中，新兴的特色进行体育运动休闲小镇与乡村生态旅游产品特色小镇的迅猛发展，一些靠近城市不同地区的农家乐也对特色小镇的发展带来了一个具有较大的冲击。

体育城镇是基于特色城镇和体育产业双重发展机遇的创新结构。随着各省市文件政策的相应实施，在全国范围内，有特色的城镇建设激增。各类中国特色社会体育发展休闲小镇旅游的竞争日趋激烈。

4. 旅游开发与环境保护的矛盾愈加突出

随着前龙湖国际体育休闲城游客的涌入，旅游过程中垃圾污染普遍，环境污染加剧，生态破坏日益严重。

5. 旅游品质提高提出新的挑战

随着我国社会主义经济的快速健康发展和人们日常生活质量水平的不断努力提高，近些年来，人们不仅仅可以满足"到此一游"，而开始进行更加关注旅游管理过程享受和品质体验，更加希望我们能够获得优质的旅游产品体验服务，这就对靖港古镇千龙湖国际体育休闲小镇旅游接待提出了一个更高的要求。

（四）建设体育特色小镇助力乡村振兴和全民健身国家战略的实施

建设具有独特内涵的体育文化、基础稳定的体育产业，集运动休闲、文化、健康、旅游、养老、教育培训等多种功能于一体的空间区域体育特色小镇，是促进乡村的经济文化发展，是辐射带动新农村文化建设的有效信息载体，是满足中国人民对美好社会生活向往的现实体现，促进全民健身国家战略实施，推动脱贫攻坚和区域经济发展的重要举措，也是展示体育运动活力、彰显运动休闲特色、促进基层全民健身事业发展、满足群众日益高涨的运动健身和运动休闲需求，推动体育产业发展和体育现代化建设的主要路径，加速全面小康和健康中国建设的新探索。

1. 实现地区主题建设与当地传统文化之间的融合

旅游产业长期以来存在着"千篇一律"的现象，需要破题。当一家精品旅馆或者商业街建成后，有很多地方可以开始复制同样的模式。在建设体育特色小镇时，通过与一些当地节日庆典等传统文化融合，开展特色体育活动或者园林采摘等活动，既避免了体育特色小镇出现"千篇一律"的现象，又可以发挥当地的传统文化资源，保护地域文化特色，继承弘扬当地传统文化。例如2011年6月长沙千龙湖生态旅游度假区根据端午节举办了"祥和中国节"第二季中国（湖南）国际民间趣味龙舟赛、西双版纳每年举办的泼水节。

2. 坚持因地制宜和绿色可持续发展

乡村振兴的实施原则，其中就指出了要坚持人与自然环境和谐发展共生，坚持中国因地制宜、循序进行渐进。国家体育总局副局长赵勇在全国运动休闲特色小镇建设工作培训会上指出，在打造体育小镇的过程，做到保持"特"的同时，应优先考虑生态环境，人们更愿意走出去的时候是拥有更好一个体验，才能激发小镇的经济活力。打造依托小城镇，拥有体育产业及人文内涵的产、城、人三位一体的复合型空间体。体育强镇的关键在于把握其核心内涵，只有这样，才能突出体育特色小镇的多样性，体现地域差异，避免同化现象，促进体育特色小镇建设健康有序发展。一方面要遵循人与自然相和谐的客观规律去因地制宜、循序渐进地开展体育项目的建设，另一方面在建设体育特色小镇时，要保护当地的人文环境，不能只顾眼前利益，过度开发，要促进小镇的可持续发展。

3. 牢记体育事业发展的根本目标和宗旨

全民健身国家企业战略以增强我国人民体质、提高学生健康教育水平为根本目标，充分体现了以人民为中心的发展管理理念，即作为一个世界上人口最多的社会资本主义经济大国，全体中国人民始终是体育产业发展的主体，增强中华人民体质、提高全民族身体素质和生活环境质量始终是体育文化发展的根本目的。因此体育小镇的建设和经营过程中不能一味地追求经济利益去降低体育设备质量和服务水平，进而造成身体危害或者出现潜在危险，要牢记体育事业发展的根本宗旨，创造良好的全民健身平台。

4. 把握体育特色小镇的政策导向

政策支持是体育特色小镇建设的必要条件。目前，中国将支持建设一批体育特色鲜明、文化氛围浓厚、产业集聚一体、生态环境良好、有利于人民健康的体育休闲城镇。在小镇经营的过程中，要时刻关注国家及地方出台的有关政策，及时得到平台搭建和资金等方面的扶持，尽可能地实现资源的整合，使得政府、企业、社会共同参与小镇建设并发挥作用。

参 考 文 献

［1］王玉珍.中国体育旅游产业竞争力研究［M］.北京：新华出版社，2015.

［2］徐勇.中国体育旅游发展研究［M］.武汉：华中科技大学出版社，2016.

［3］邢中有.我国体育旅游产业集群竞争力提升研究［M］.北京：中国水利水电出版社，2017.

［4］丁建岚.体育产业概论［M］.长春：吉林文史出版社［M］.2017.

［5］段红艳.体育旅游项目策划与管理［M］.武汉：华中师范大学出版社，2017.

［6］张兆龙.中国边境体育旅游开发模式研究［M］.北京：新华出版社，2018.

［7］李菲.我国体育旅游的相关理论分析与发展研究——以长株潭地区为例［M］.北京：中国原子能出版社，2018.

［8］许进.体育产业的发展及市场化运营研究［M］.徐州：中国矿业大学出版社，2018.

［9］胡昕.经济学视角下的中国体育产业发展研究［M］.青岛：中国海洋大学出版社，2018.

［10］段爱明.体育文化与生态旅游融合发展理论与实践［M］.上海：上海交通大学出版社，2018.

［11］谢朝波.当代体育产业发展与体育行为心理探究［M］.北京：北京日报出版社，2018.

［12］程蕉.体育旅游中的法律问题研究［M］.广州：暨南大学出版社，2019.

［13］贵州省体育局.贵州体育旅游发展报告［M］.北京：中国旅游出版社，2020.

［14］段青，安晓凤.大学生体育旅游对体育产业发展影响研究［J］.六盘水师范学院学报，2020，32（3）：42-46.

［15］崔晓兰.体育旅游产业融合多元模式发展路径探讨［J］.成都航空职业技术学院学报，2020，36（2）：81-83.

［16］褚亚君，郝亮.全域旅游视域下开发体育特色小镇的策略探讨［J］.产业科技创新，2020，2（18）：12-13.

［17］王亚坤，武传玺.全域旅游视域下我国体育赛事旅游产业发展研究［J］.体育文化导刊，2020（7）：67-72.

［18］阳光，曾春妮.一带一路背景下我国体育产业发展新思路研究［J］.科技资讯，2020，18（25）：249-251.

［19］徐世刚.绿色发展视域下体育旅游产业供给侧结构优化的研究［J］.当代体育科技，2020，10（26）：178-179+182.

［20］吴涛，陈金鳌.全民健身视域下民族传统体育发展困境及策略［J］.体育文化导刊，2020（9）：67-72.